# The History of Archaeological Research in the Melfese

## A bibliography from the sites of Lavello, Melfi and Ripacandida

### Pasqualina Iosca

BAR International Series 2115

2010

Published in 2016 by
BAR Publishing, Oxford

BAR International Series 2115

*The History of Archaeological Research in the Melfese*

ISBN 978 1 4073 0656 8

© P Iosca and the Publisher 2010

Translated by R. N. Fletcher

BAR Publishing is the trading name of British Archaeological Reports (Oxford) Ltd.
British Archaeological Reports was first incorporated in 1974 to publish the BAR
Series, International and British. In 1992 Hadrian Books Ltd became part of the BAR
group. This volume was originally published by Archaeopress in conjunction with
British Archaeological Reports (Oxford) Ltd / Hadrian Books Ltd, the Series principal
publisher, in 2010. This present volume is published by BAR Publishing, 2016.

Printed in England

# BAR
PUBLISHING

BAR titles are available from:

BAR Publishing
122 Banbury Rd, Oxford, OX2 7BP, UK
EMAIL info@barpublishing.com
PHONE +44 (0)1865 310431
FAX +44 (0)1865 316916
www.barpublishing.com

*A Carmine,*

*giovane brigante di boschi incantati.*
*Perché ogni traguardo si raggiunge al fianco di chi ha condiviso i tuoi sogni*

# Table of Contents

*TRANSLATOR'S INTRODUCTION* .................................................................................................... 1

*INTRODUCTION* .......................................................................................................................... 5

*LUCANIA: A CULTURAL CROSSROADS* ........................................................................................ 9

*1.1 Geographical morphologies: borders in the Archaic period* ................................................. 9
*1.2 The valley of the Ofanto and the Melfese* ........................................................................... 15
*1.3.1 From the Prehistoric to the first external contacts in the Archaic Period* ........................ 19
*1.3.2 Archaeological sites in the territories of Melfi, Lavello and Ripacandida.* ...................... 25

*THE ARCHAEOLOGICAL MATERIAL* ............................................................................................ 27

*2.1 Lavello* ............................................................................................................................... 27
*2.2 Melfi* .................................................................................................................................. 44
*2.3 Ripacandida* ...................................................................................................................... 55

*SPECIFIC BIBLIOGRAPHY* ........................................................................................................ 60

*3.1 Lavello* ............................................................................................................................... 60
*3.2 Melfi* .................................................................................................................................. 67
*3.3 Ripacandida* ...................................................................................................................... 71

*INTERPRETATIONS AND CONCLUSIONS* ..................................................................................... 72

*BIBLIOGRAPHY* ......................................................................................................................... 77

## *Translator's Introduction*

This book has been a long time coming. One may, regarding many a publication, have heard such a description, and it therefore lacks much force, but this short study of the Melfese and the archaeological work that has been done in that area fills what has been a yawning gap. This book, a translation of dottoressa Paqualina Iosca's thesis (submitted at the University of Macerata in 2008), is of outstanding application for the study of the archaeology of the region and of South Italy as a whole. It has been an immense pleasure, and an informative one, to put it into English.

It is probably not much of a surprise that this area has received so little attention. Basilicata is a region not afforded much consideration by Italians, let alone the English-speaking world, and many people even with some passing knowledge of Italy have never heard of it. It is poor, sparsely populated, and underdeveloped, and has been represented as such since Roman times. It is mountainous, rough, and has in the past offered little in the way of resources or wealth. It has, as a result of its forests and rough mountain terrain, offered little more than good hunting – made famous by the Holy Roman Emperor Frederick II, who built and re-built castles in the north of Basilicata to use as hunting-lodges to indulge his passion for falconry. The region was known for most of history as *Lucania*, and indeed the people who live in modern Basilicata still call themselves Lucanians. These Lucanians have a strong sense of their history and a pride in the ancient Lucanian people who came to occupy the region in the 5th and 4th centuries BC.

In north-eastern Basilicata, the area known as the Melfese, all this is even more pronounced. Most of the Melfese is particularly mountainous, with only a small area on the banks of the Ofanto around Lavello and Venosa that boasts what might be termed a plain. Even after millennia of deforestation, there remain in the Melfese large areas of forest; in particular the Vulture area (named after the dominating "Il Vulture" volcano, mentioned by Horace more than once) has some areas of almost pristine wilderness. However, what most strongly marks the region, and is of particular importance for historians, is the immense importance that it enjoyed in antiquity.

There are many areas that might be described as being under-studied or undervalued in terms of their archaeological interest, even in such a well-studied country as Italy, but the Melfese really *was* of great importance. In this book, the author repeatedly stresses the significance of the Melfese as a cultural crossroads, but it is difficult to relay just how strategically important the region was. Most of this comes from the position the Melfese holds on the Ofanto River and at the headwaters of the Bradano. These river valleys, the highways of the ancient world, were about the only means of travelling through mountainous South Italy. Even with the coming of Roman roads, the best – and often the only – routes through the southern part of the peninsula were along the Ofanto, the Sele, the Bradano and the Basento. The Ofanto was perhaps the most important of all of these, since it almost cuts the peninsula in two; it enabled travellers, by connecting with the Sele River, to traverse South Italy from the Adriatic to the Tyrrhenian, and vice versa. The Romans understood this very well, and chose Venosa (ancient *Venusia*) as the site of their first colony in the south, giving them control over the Ofanto valley in the Melfese area. In the Middle Ages, the Lombards and then the Normans built the impressive castle at Melfi as their own means of controlling this strategic corridor.

Before the Romans, however, we have little understanding of how this zone reflected its strategic importance along one of the main communication routes of South Italy. From what we can tell from the archaeological record of the pre-Roman period, it seems to have been border territory. The Daunian culture of northern Puglia was pushing into the mountains here, as is evident from the fact that most of the pre-Roman material coming from Melfi is Daunian. The little known or understood pre-Lucanians, sometimes known as *Peuketiàntes*, evidently occupied an area somewhat to the south, with Ripacandida and Rionero as their northern-most outposts. When the Lucanians arrived, probably in the 5th and 4th centuries BC, they appear to have taken over (or developed from) the Peuketian territory, though there is little clear evidence to support this. Recent scholarly discourse on this subject varies between the bald statement that Lucanians came south from Samnium, based largely, it would seem, upon commonality of language between Samnium and Lucania, and the more subtle arguments of archaeologists working in the area suggesting an intermingling of Samnite and Peuketian cultures (Fracchia 2004; Osanna – Sica 2005). However, this is about as much as we can say. Many questions beg for answers: just where were the borderlands, what movement was there over these borders, what sort of territoriality was manifested, how much permeability was there and what were the cultural borders?

*The Vulture-Melfese Zone and current research*
It will be observed from maps of the area that the zone of the Vulture-Melfi was a natural topographical frontier between the plains of northern Puglia and the mountains of Basilicata, the latter known in antiquity as Lucania. It should be stressed that this is the natural route into the mountain, both from the plains of northern Puglia and from the mountainous regions further north that were the heartland of ancient Samnium. It was also easily accessible from Campania through the Ofanto and Atella rivers. In order to travel from the north the only viable routes into modern Basilicata (ancient Lucania) are through the mountainous passes west of Potenza, from the plains of Puglia through Banzi-Oppido Lucano-Tolve and then past Vaglio Basilicata, or most logically through the Melfi-Rionero route.

In the Early Iron Age in this Melfese area, the topographical divisions between plains and mountains at this juncture coincided with the territories of the ancient Daunian civilization of northern Puglia/northern Basilicata, and the so-called Peuketiantes, or Northern Lucanians (in fact a pre-Lucanian people). In approximately the 5th century BC, the arrival of the Lucanians in the mountainous region transformed the cultural composition of the frontier, such that Lucanian infiltration into the zone may have resulted in the formation, centred upon the highly fertile valley of the Vulture, of a permeable frontier membrane between Daunia and Lucania. Roman conquest in the third century BC imposed a veneer of homogeneity that resulted in several hundred years of stability and tranquillity, which appears to have continued without significant interruption into the Late Roman period. Even the Gothic Wars of the 6th century do not appear to have left traces of destruction in the Vulture. After this date, it is possible that the area briefly became a frontier zone again, between the Lombard Duchy of Benevento and the southern Italian foothold maintained by the Eastern Roman Empire.

Extensive archaeological work over the last forty years in the Melfese and Middle Ofanto valley, slightly northeast of the Vulture, has clearly indicated the wealth of the available archaeological data. It is clear, for example, that Daunian cultural material is commonly to be found in Basilicata, from Lavello west along the Ofanto valley, and as far south-west as Melfi and Pisciolo di Melfi (Tocco 1976; Bottini 1981; 1982;

1982a; 1985; Tagliente *et al.* 1991; Tagliente 1985-86; Tagliente—Bottini 1990). From the 4th century BC there is also evidence for the expansion of Lucanians into this region, apparently co-existing with Daunians in a clearly emergent frontier zone in the Melfese (Tocco 1976a; Bottini 1976; 1979; 1980). Studies of the Roman presence in the region are numerous, particularly those by Alastair Small and Maurizio Gualtieri (Small—Buck.1994; Gualtieri 1999; 1983. Also see Nava *et al.*2005).

It is surprising that almost the entire zone of the Vulture-Melfese was a virtual *terra incognita* only forty years ago. In the last few decades, this has begun to change. Northern Basilicata has become an area of research interest, particularly under the guidance of the Superintendents of the region (D. Adamesteanu, A. Bottini and M. L. Nava), the work of teams from the University of Alberta (A. Small, M. Gualtieri) and, lately, the University of Sydney (E.G.D. Robinson). The proximity of the Vulture to the Daunian region of northernmost Basilicata, to the Ofanto valley (a conduit for trade across the Italian peninsula from Puglia to Campania) and to the Lucanian heartland in the south made it the "gateway to the mountains", from the time of the arrival of Neolithic agricultural technologies in the 7th millennium BC, down to the protohistoric and historical periods. The material remains of extensive settlement in the Daunian region and the Ofanto valley, as well as the remains of trade and other contacts, have been shown to have been astonishingly precocious and intense.

Map of the Vulture-Melfese area showing major rivers and Roman roads

Although little archaeological information has been published about the Rionero/Atella zone, there is good reason to believe that it possessed an important settlement site during the Iron Age, and acted as a fluid frontier zone for most of the 1st millennium BC and 1st millennium AD. This may be made clear from the number of burials excavated illegally in the area in the 19th century (Szilágyi 2004). The contents of those tombs, and their form, suggest Lucanian settlement in the area in the 4th century BC. Sporadic finds (such as those made at Torre degli Embrici) indicate both Peuketiante and Daunian cultural contact in the centuries prior to Lucanian infiltration into the zone (although it is unclear which group was dominant, if either). After Roman conquest in the 3rd century BC the Vulture underwent a number of changes; certainly from the Republican period onwards (2nd century BC) baths and the large villa for intensive agricultural production *(villa rustica)* seem to have been the most common type of structure – such as those at Ruoti, Atella and Torre degli Embrici. Late Roman evidence both at Ruoti and Torre degli Embrici indicate continuity after the fall of the Western Empire and the latter suggests stability into the 7th century AD.

The strategic importance of the Vulture-Melfese zone, in military and economic terms, is presumably what lies behind the frequent mentions of the area in ancient and medieval literature, mainly in terms of Venosa and Melfi (Maetzke 1976). This importance is demonstrated by the fact that Frederic II enlarged the castle at Melfi and placed another castel immediately to the south of Rionero (at Lagopesole) – the only castles in northern Basilicata. The zone is very fertile in agricultural terms, and has certainly has been very productive in the past. One may assume that the Vulture possessed a primate centre for the valley stretching between the volcano and Lagopesole in the first millennium BC, since unpublished archaeological traces from the area suggest a pre-Roman settlement of some importance.

While Italians have been active in the last forty years in this Vulture-Melfese zone, foreign scholars have made significant contributions. The archaeological research of the last thirty years includes work by the University of Alberta which has uncovered a good deal of the history of Roman Basilicata; further, the University of Sydney has just begun work on Pre-Roman Tolve (near Potenza) (Buck—Small 1980; 1983; 1984; Small 1981; Gualtieri—Fracchia 1993; 1995; Fracchia et al. 1998-99; Gualtieri 1994). Italian Regional superintendencies and archaeologists have, however, shown relatively little inclination to become involved in regional field surveys: this has been left mainly to foreign scholars, and there have been some outstanding survey projects in South Italy, particularly the University of Texas in the territory of the Greek colony of Metaponto (Carter 1990; 2006), the Dutch in the Brindisi region (Yntema 1993; Burgers 1998) and the University of Alberta at Oppido Lucano (Buck—Small 1980; 1983; 1984; Small 1981; Gualtieri—Fracchia 1993; 1995; Fracchia et al. 1998-99; Gualtieri 1994).

*Recent Archaeological Research in the Vulture-Melfese*
A new project (The Vultur Archaeological Project) in the region hopes to consolidate and expand upon the work of Italian and foreign archaeologists in this part of Basilicata. The University of Alberta and the University of Sydney have begun work on a cooperative project in the Vultur zone which aims to survey this central area within the Melfese, and to conduct a number of excavations of sites identified in the survey. In the course of initial survey campaigns in 2008 and 2009 a total area of some 12 square km has been completed, identifying 74 sites. The aim of this survey project is to provide an organic picture of the history of land use of the territory, the distribution of settlement and the relation of these to topography and the various cultural entities that bordered this frontier zone

Initial finds allow us to make some observations. Firstly, the distribution and density of sites to the south and the west of the Vulture volcano show that these areas were intensively used in the Lucanian and Roman periods. Scattered evidence for Paleolithic and Neolithic settlement in the area shows that these sites were distributed across the landscape in a fairly uniform pattern of separation depending upon inter-site distance and topography (Fletcher 2008; 2008a). Little Bronze Age or Early Iron Age evidence has yet been found; however, the concentration of sites in the Pre-Lucanian and Lucanian periods in the area of San Francesco on the south-east edge of Rionero and in the western territory of Ripacandida suggest a settlement of some significance between the 6th and 3rd centuries BC. A similar concentration may also exist to the west of the Vulture at Montichhio Bagni. Nevertheless, from the Lucanian period onwards, and particularly so in the Roman period, the pattern of sites strongly suggests a road system along which farmhouses, villas and settlements were positioned.

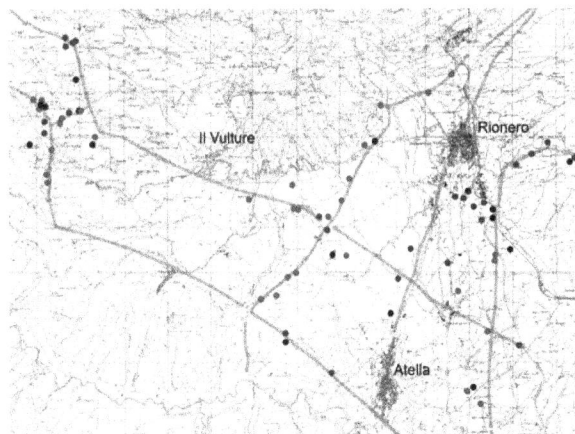

The pattern of roads or tracks, both pre-Roman and Roman, running from the northeast to the south-west, may indicate a general route between the Fiumara Arcidiaconata (running south from the Ofanto) and Ruvo del Monte. Another route leads from Atella westwards to the Ofanto and the Via Appia at Aquilonia.

## Torre degli Embrici

A recently discovered site in the zone which is the subject of this book is the Roman Villa and Baths complex at Torre degli Embrici. This site was known from a famous find in the shape of a marble torso of Aphrodite discovered in the early 20th century and now at the National Museum at Melfi (Capano 1993). Following rescue excavations in 1987 and 2004, a proper program of research and excavation was begun in 2008. At present the site, which includes the Villa and different Baths complexes, extends over an area of at least 120m x 140m.

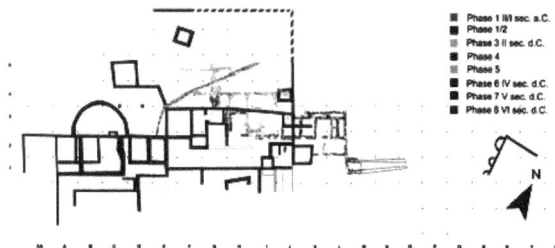

The structures that have been thus far uncovered show a complex that shows a remarkable continuity from at least the 2nd century BC to the 7th century AD. Moreover, quantities of Black Glaze and Red Figure pottery found at the site dating from the 4th century BC indicate that this site, like many Roman sites identified from survey in the area, succeeded a Lucanian dwelling, possibily of some importance.

The oldest traces from the Roman Villa are those from the first Baths at the site. The recovery of coins from the (stil intact) hypocaust of the caldarium is the only secure means of dating at this stage. Two of these coins date from the second Triumvirate, but one other was a silver denarius from the middle of the 2nd century BC. In addition, a number of tiles were found reused in 2nd century AD *cappucina* tombs. These *tegulae mammatae* are particular to early baths and were used on the walls to form cavities through which hot gases from the hypocaust circulated. The presence of these tiles supports an early date for the first Baths complex at the site.

The villa appears to have continued in use on the early plan until a phase of reconstruction that has been found to date to the 2nd century AD. At this stage, probably early in the century, another set of baths were built replacing the Republican baths. These later baths were constructed 20 meters directly to the south of the first baths. Some further construction of the villa occurred at the same time. The villa continued in use, confirmed by the recovery of large quantities of pottery and some coins (the most interesting of which was a coin of the emperor

Probus (276-282 AD)), until the major rebuilding that occurred in the 4th century.

This reconstruction in the 4th century first involved the levelling of the previous villa and baths. Foundations from earlier phases were still used, though the new structures followed a different overall plan. In this period a *nymphaeum* with at least three small apsidal niches was constrcted. This building with its niches or *posticini statuari* is very close to the reported find spot of the marble Aphrodite and its character is confirmed by the discovery of a water channel leading to it.

Towards the end of the 5th century a large apse (some 11m in diameter) was added to the large hall in the western part of the villa constructed in the 4th century. This apse, and associated construction in the 5th century, shows that this part of Lucania was still seeing the development of villas and a certain continuity in elite routine well after the fall of Rome. This confirms recent finds of a similar nature from San Giovanni di Ruoti as well as several other similar sites in Puglia and Basilicata (Small and Buck 1994; Small 1999; Small and Freed 1986; Volpe 1990; 1996; 2003; Volpe, De Felice and Turchiano 2005; Volpe and Silvestrini 2004). Further construction, probably of a defensive nature, has been found from the 6th century; however, it was not until the early to mid 7th century that the site was finally abandoned.

## Further Research in the Melfese

It is hoped that the present volume will be helpful in fostering further interest in the Vulture-Melfese area. Although the Archaeological Superintendency has, over the past few decades, started exploring this undervalued area of Italy, there is a great amount of work still to be done. It is worth stressing, as Pasqualian Iosca has done several times in this book, that no University project has been undertaken in the Melfese until the aforementioned Vultur Archaeological Project. The incredibly important site of Lavello (ancient Forentum) has seen only Superintendency archaeologists work in the area, as has Melfi itself, Ripacandida, Rionero, Ruvo del Monte and San Fele. The exceptions are the Palaeolithic excavations at Atella and a single season of excavation done by a Canadian team from the University of Alberta also at Atella in the 1970s.

One way or the other, Pasqualina Iosca's book will be a very useful tool for those who will be undertaking archaeological research in the Melfese in the future – and there will be quite a future for the Melfese.

Richard N. Fletcher

## Introduction

Basilicata, and specifically the zone of the Vulture-Melfese (in which are located the three sites that are the focus of this book: Melfi, Lavello and Ripacandida) is an area that possesses a wealth of important archaeological evidence. However, there has never been, until now, any thorough attempt to gather together the published archaeological record from even one particular part of the region. The purpose of this book, therefore, is to bring together in one *corpus* the published record of archaeological activity and archaeological evidence in one such zone: the Vulture-Melfese zone. The evidence has been largely gathered by the Soprintendenza per Archeologia (Superintendency for Archaeology), but this study aims to organise the record in such a way as to make it easily accessible and, above all, to help disseminate information about the archaeology of the Melfese.

This study was inspired by a desire to make a meaningful contribution to the large amount of research that has been carried out in the Melfese, and to do so by collecting and analysing all archaeological publications on the subject from the Neolithic to the Roman period. The object therefore is to organize an excursus on the history of archaeological research carried out in the territory of the Vulture-Melfese, drawing on most recent analyses. It will also include summaries of the conclusions that have been presented and which are seen as particularly useful regarding the study of the archaeology of the region, beyond supplying the bibliography of the publications of such archaeological activity. This will be organised by territory; each part of the Vulture-Melfese will have the history of research described, with a discussion of the finds and a complete bibliography of all published material, including not only scholarly works but articles published in popular journals and newspapers in the Provincial and National Libraries of Potenza.

The overall intent here has been to emphasize the significance of this region in archaeological terms for the history of South Italy, even though in the past it has too often has been classified as of only local interest – a most insufficient and disappointing quality of past scholarship and journalism. In the territory of Ripacandida, for example, there has not been a single journalistic reference to the archaeological research conducted in that territory. It is therefore an objective of this work to diffuse, as much as possible, the archaeological data from this region to a wider audience and to seek greater attention to, and awareness of, the importance of the zone. It is hoped that this will result in an increased cultural and economic investment in archaeology in the Vulture-Melfese, even by those not expert in the field.

La Basilicata, e nello specifico la zona del Vulture-Melfese (della quale analizzo in particolare tre dei centri principali, ovvero Melfi, Lavello e Ripacandida) possiede un patrimonio archeologico rilevante; eppure le pubblicazioni che riguardano le attività di scavo e le evidenze archeologiche di quest'area, così come valutato dagli stessi operatori della Soprintendenza che mi hanno indirizzata a lavorare in tal senso, non sono mai, sino ad ora, state raccolte in un unico *corpus* e dotate di una organicità tale che potesse renderle facilmente consultabili e soprattutto di più immediata divulgazione.

Il primo obbiettivo che mi ha spinta è stato dunque quello di dare un personale contributo a che tale limite fosse risolto, attraverso la ricerca e l'analisi delle pubblicazioni in questione, inerenti ad un arco di tempo compreso fra i primi rinvenimenti di epoca neolitica fino a quelli degli albori dell'epoca romana.

Il mio proposito è riuscire ad organizzare un excursus della storia delle ricerche archeologiche effettuate nei territori dei comuni selezionati, traendone in ultima analisi conclusioni che possano essere utili ai fini dello studio delle attività svolte, oltre a fornire la bibliografia delle pubblicazioni relative a tali attività; saranno indicati separatamente, negli spazi dedicati alle raccolte di ogni territorio, anche i riferimenti bibliografici degli articoli pubblicati nel corso degli anni su quotidiani e riviste non solo specificatamente 'archeologiche', per la cui ricerca ho consultato le emeroteche delle Biblioteche Provinciale e Nazionale di Potenza.

L'intento in tal senso è stato sottolineare come a realtà così significative del settore troppo spesso sia stata riservata, a livello regionale, una scarsissima risonanza dai divulgatori –nel caso di Ripacandida non è stato reperito alcun articolo circa le ricerche archeologiche in questo territorio- e tentare di fornire anche ad essi stessi uno strumento agile da cui poter attingere dati oggettivi da diffondere, in modo da rendere più attenti e consapevoli dell'importanza che l'archeologia vuole e può rivestire nella crescita culturale ed anche economica di una regione anche i non esperti del settore.

The organization of the information presented here is therefore preparatory to new archaeological research, which is the primary scientific objective of this work.

Given the situation that the cataloguing of publications have been largely disjointed and, sometimes, quite untraceable in many volumes of encyclopaedic works, the first phase of this study involved many difficulties, requiring as it did the meticulous collection of existing bibliographies germane to the subject. Since cataloguing and analysis of all works on the archaeology of the area was the primary point of departure for what I had in mind, I concentrated my initial research in the libraries of the main centres of the Region, being those of the local *comuni*; when these lacked specific publications, the Library of the Archaeological Superintendency of Basilicata at Palazzo Loffredo and the Provincial and National Libraries.

I have subsequently verified and tried to develop my primary data using computer searches, such as existed in the National Libraries or by using specific search engines - such as DYABOLA - and consulting personally the catalogues of Universities, particularly the Library of the University of Macerata.

However, and in spite of the kindness and access offered to me in the libraries of the Superintendency of the Basilicata as well as the National and Provincial libraries in Potenza, I beg the reader's indulgence regarding any deficiencies that I may have inherited from works that have, over the decades, sometimes erred in their details. In particular, those works which have not been possible to access for careful study and some of the citations made therein. Since these are of undeniable importance they have still been placed in the specific bibliography for each of the three territories.

Included in the bibliography are studies and collections of artefacts which document archaeological activity at the various sites within the three communal territories of Melfi, Lavello and Ripacandida. To these ends, I have decided to subdivide this work into three parts.

In the first Section we begin with the consideration of those works of a general nature, within the greater regional framework, that describe the historical-archaeological vicissitudes of Lucania, its geographic limits, the essential analysis of the morphology of the territory, and the various forms of its deterioration over time. We then come to the second part, which introduces a more meticulous study of the area of ancient Lucania that interests us here, the district of the Melfese. This emphasises some of the peculiar physical characteristics of the area and introduces the history of archaeological research into the various L'organizzazione delle informazioni, così gestita, però, vuole essere soprattutto, propedeutica alle nuove ricerche archeologiche, obbiettivo scientifico primario di tale lavoro.

Dato il presupposto della disorganicità di catalogazione delle pubblicazioni e, talora, addirittura della quasi irreperibilità di interi volumi di opere enciclopediche, la prima fase del lavoro ha già mostrato le prime difficoltà; necessitando di una minuziosa raccolta della bibliografia esistente inerente ai siti presi in esame, che potesse essere punto di partenza del lavoro di catalogazione e analisi che avevo in mente, ho incentrato la mia ricerca per lo più nelle Biblioteche del Capoluogo di Regione, essendo quelle dei comuni, ove accessibili, carenti di pubblicazioni specifiche: la Biblioteca della Soprintendenza Archeologica della Basilicata a Palazzo Loffredo, le Biblioteche Provinciale e Nazionale.

Ho successivamente verificato e cercato di approfondire e confrontare i miei dati attraverso ricerche informatiche, richiedendo prestiti e disponibilità di altre Biblioteche Nazionali o utilizzando specifici motori di ricerca –come DYABOLA- e consultando personalmente i cataloghi della Biblioteca dell'Università di Macerata.

Tuttavia -e nonostante la cortesia e la piena disponibilità offertami in particolar modo dai dipendenti delle Biblioteche della Soprintendenza della Basilicata, Nazionale e Provinciale di Potenza, impegnati ad aiutarmi a superare carenze ereditate in decenni- sono stata talora impossibilitata alla consultazione di volumi ed opere menzionate in bibliografie o analisi successive.

Ciò nonostante alcune hanno una innegabile importanza, che ho potuto constatare pur non avendo avuto la possibilità di una diretta presa visione, attraverso numerose citazioni all'interno di articoli e pubblicazioni; per questa ragione tali testi troveranno comunque posto nella bibliografia specifica relativa ai tre territori presi in esame.

Nei repertori bibliografici verranno inoltre indicati anche gli studi e gli approfondimenti reperiti, inerenti la documentazione archeologica dei diversi siti esaminati nei tre territori comunali.

Ai fini citati, ho deciso di suddividere il lavoro che vado a presentare in tre capitoli: nel primo si introducono per cenni generali le vicende storico-archeologiche della Lucania, inquadrando l'ambito regionale, lo spazio in cui ci muoviamo, nei suoi limiti geografici ed attraverso un'analisi essenziale della morfologia del territorio e delle diverse fasi della sua antropizzazione; quindi si passa a presentare più minuziosamente l'area della Lucania antica presa in esame, il distretto del Melfese, sottolineandone le

shifts in suzerainty and the analysis of the more enduring cultural influences. Lastly, we shall look at those works which concentrate upon the detailed analysis of one of the three territories. This shall begin with those scholars who first began archaeological research in the area and first brought to light the various sites in the area and continue with those that have made an essential contribution by working upon the foundations of these earlier researches.

The second Section is dedicated to the history of archaeological research. There are, therefore, numerous opportunities for the analysis of the finds themselves and their significance. The discourse is largely concerned with territorial archaeology, starting with studies and learned contributions by historians and scholars who studied the archaeology of the area before this sort of research became systematic and regular, and proceeding to the various campaigns of excavation carried out in the course of the years by archaeologists and employees of the Italian Superintendency for Archaeology. These studies of the various sites brought to light in the region have in sum supplied a reasonable reconstruction of the Melfese zone over the course of antiquity.

The third Section is the central purpose of this work. It is a bibliography of all archaeological activity undertaken over the years in the Melfese zone of Basilicata. It includes all sites in the area and all studies, investigations or discussions of the archaeological record that pertain to the area or to the objects therefrom.

In the conclusion, beyond presenting those inherent interpretive considerations offered by the data, the main purpose of this work is emphasised, which is to provide a new instrument for scholars and researches working in the Melfese derived from all the current published sources and to introduce and briefly analyse the individual sites that have been discovered in Lavello, Melfi and Ripacandida.

In fact through the presentation, analysis and reconstruction of all field research, developed over the course of time in each of the three communal territories, this thesis provides an important starting point for any scholars with a view to conduct research in the Melfese in antiquity. It will be of considerable use to those wishing to undertake archaeological research in the area, particularly in the preparatory phase of such work when it is only proper to acquire knowledge of the prior work of archaeologists in the region. This study will allow scholars to quickly and easily find not only the various bibliographical resources, but to know where to find the more detailed analyses of particular aspects of past work.

caratteristiche peculiari fisiche e introducendo la storia delle ricerche archeologiche dei diversi insediamenti, anche attraverso l'analisi delle contaminazioni culturali subite; infine viene motivata la scelta dei tre territori di cui l'analisi sarà dettagliata, e si fa menzione degli studiosi che per primi hanno condotto delle attività di scavo portando alla luce i vari siti e quelli che continuano a dare il loro essenziale contributo a che queste indagini possano essere approfondite ed aggiornate.

Con il secondo capitolo, dedicato alla storia della ricerca archeologica, dunque dei diversi ritrovamenti, si apre il nucleo centrale dell'analisi; il discorso verte attorno alla archeologia territoriale, partendo dai contributi di storici e studiosi che trattarono l'argomento prima ancora che la ricerca divenisse sistematica e regolare, per poi passare alle diverse campagne di scavo effettuate nel corso degli anni dagli archeologi funzionari della Soprintendenza e ai diversi siti portati in luce ed esaminati, fornendo per ognuno una ricostruzione della utilizzazione nel corso delle varie epoche antiche.

Il terzo capitolo indica, per ognuno dei tre comuni, la bibliografia relativa alle attività di scavo svolte nel corso degli anni in tutti i siti rinvenuti ed i relativi studi e/o approfondimenti sulla documentazione archeologica cui gli studiosi si sono successivamente dedicati.

Nella fase conclusiva del lavoro oltre ad alcune considerazioni inerenti l'interpretazione dei dati offerti, sottolineo l'intento principale della mia ricerca, ovvero fornire un valido e nuovo strumento di lavoro, diverso dai numerosi studi che presentano ed analizzano le vicende che hanno interessato i singoli siti compresi nei comuni di Lavello, Melfi e Ripacandida.

Infatti attraverso la presentazione e la ricostruzione di tutte le ricerche sul campo, svoltesi nel corso degli anni in ognuno dei tre territori comunali, questa tesi consente innanzitutto di poter avere una visione di insieme delle diverse epoche di utilizzo e dei risultati a cui si è giunti grazie alle indagini effettuate -utile soprattutto in una fase propedeutica alle nuove ricerche nella zona, ancor più quando ci si proponga di avvalersi anche della collaborazione di archeologi che per la prima volta si trovino a parteciparvi- e permette, presentando i diversi repertori bibliografici, a chiunque di sapere nell'immediatezza dove sia possibile reperire le analisi dettagliate dei diversi addetti ai lavori.

Finally, I would like to take the opportunity to present my thanks to those who have helped me in this study. In the first place, I wish to thank those who have allowed me to carry out this research, in particular: Rosanna Ciriello, from the Superintendency for Archaeology in Basilicata who is Director of the Melfi Museum and Inspector of the Melfese supervising all archaeological projects in the area; my supervisor, Roberto Perna, and university professors Giovanna M. Fabrini and Marisa Rossi. Thanks also to Professor Richard Fletcher for his valuable advice and the enthusiasm with which he has supported me while writing this work. Thanks are offered to those who work in the libraries in which I have done my research, for their patience and the courtesy which they have consistently shown. I should like to single out Gerardo Brienza, who made himself available beyond every expectation. My thanks also to Siro Chieppa, for the hours he passed translating publications from the French, Geom. Peppe Ricci, for his collaboration and support, dott.sa Simona Severini, my irreplaceable companion along this long journey, Pierpaolo, Paola and Mauro for their hospitality on every occasion of a "maceratese transfer". Lastly, I would like to thank my family, who have long waited for the completion of this study, particularly Filomena, Francesca and Pasquale, who have always answered every demand for aid, but whom – more importantly – I must thank for being at my side. It has long been that way and, without a doubt, always will be.

Colgo infine l'occasione per alcuni dovuti e sentiti ringraziamenti: innanzitutto tutto ringrazio chi mi ha permesso di svolgere questo studio, la dott.sa Rosanna Ciriello, funzionario della Soprintendenza della Basilicata, direttrice del museo di Melfi e supervisore delle ricerche archeologiche nell'area del Melfese, il mio relatore, il prof. Roberto Perna, e le professoresse Giovanna M. Fabrini e Marisa Rossi; ringrazio il prof. Richard Fletcher, per i preziosi consigli e per l'entusiasmo con il quale mi ha supportata e seguita durante lo svolgersi della ricerca; ringrazio tutti i dipendenti delle Biblioteche in cui ho ricercato le pubblicazioni da analizzare, per la pazienza e la cortesia riservatemi, in particolar modo Gerardo Brienza, la cui disponibilità è andata oltre ogni aspettativa; ringrazio Siro Chieppa, per le ore trascorse a tradurre le pubblicazioni in lingua francese; ringrazio il geom. Peppe Ricci, per la collaborazione ed il sostegno; ringrazio la dott.sa Simona Severini, insostituibile compagna di questo lungo viaggio; ringrazio Pierpaolo, Paola e Mauro per l'ospitalità e l'accoglienza durante ogni "trasferta maceratese"; ringrazio la mia famiglia, per aver atteso pazientemente questo momento; ringrazio Filomena, Francesca e Pasquale, per aver risposto prontamente a qualsiasi richiesta di aiuto, e più semplicemente per essere stati al mio fianco, com'è stato sempre e come, senza dubbio, sempre sarà.

## *Lucania: a cultural crossroads*

### 1.1 Geographical morphologies: borders in the Archaic period

The modern region of the Basilicata is constituted partially from ancient Lucania (fig. 2). Strabo, **the** historian and geographer of the 1st century BC, basing his work on sources from at least three centuries before, indicated that the borders of Lucania were to the west in southern Campania and northern Calabria and were defined in the east by the Bradano River. The borders to the north and south were the Sele River on the Tyrrhenian coast continuing south to the Laos River, and comprising those territories between Sibari and Metaponto. Less well defined were the borders of the zone to the north-east (Strabo, *Geografia,* VI, 1, 4).

Soon afterwards, in 27 BC, Augustus delineated the territorial boundaries of the region by fusing *Lucania* and *Brutium* - that is the Calabria of the IIIrd Augustan region (Pliny, *Naturalis Historia,* III, 1, 15).

### 1.1 Morfologia ed antropizzazione: i confini in età arcaica

La moderna regione della Basilicata è costituita in parte dall'antica Lucania (fig. 2). Strabone, storico e geografo vissuto nel I sec. a.C., basandosi su fonti di almeno tre secoli precedenti, indicava i confini di quest'ultima, ponendo ad ovest la Campania meridionale e la Calabria settentrionale, ad est il fiume Bradano, a nord il fiume Sele sulla costa tirrenica, e a sud il territorio fino alle rive del fiume Laos, e comprendendo nella sua descrizione i territori posti tra Sibari e Metaponto. Meno definiti i tratti della zona nord-orientale (Strabo, *Geografia,* VI, 1, 4).

Già nel secolo successivo, nel 27 a.C., Augusto delinea diversi confini territoriali, fondendo *Lucania* e *Brutium* – ovvero la Calabria- nella III° regione augustea (Pliny, *Naturalis Historia,* III, 1, 15).

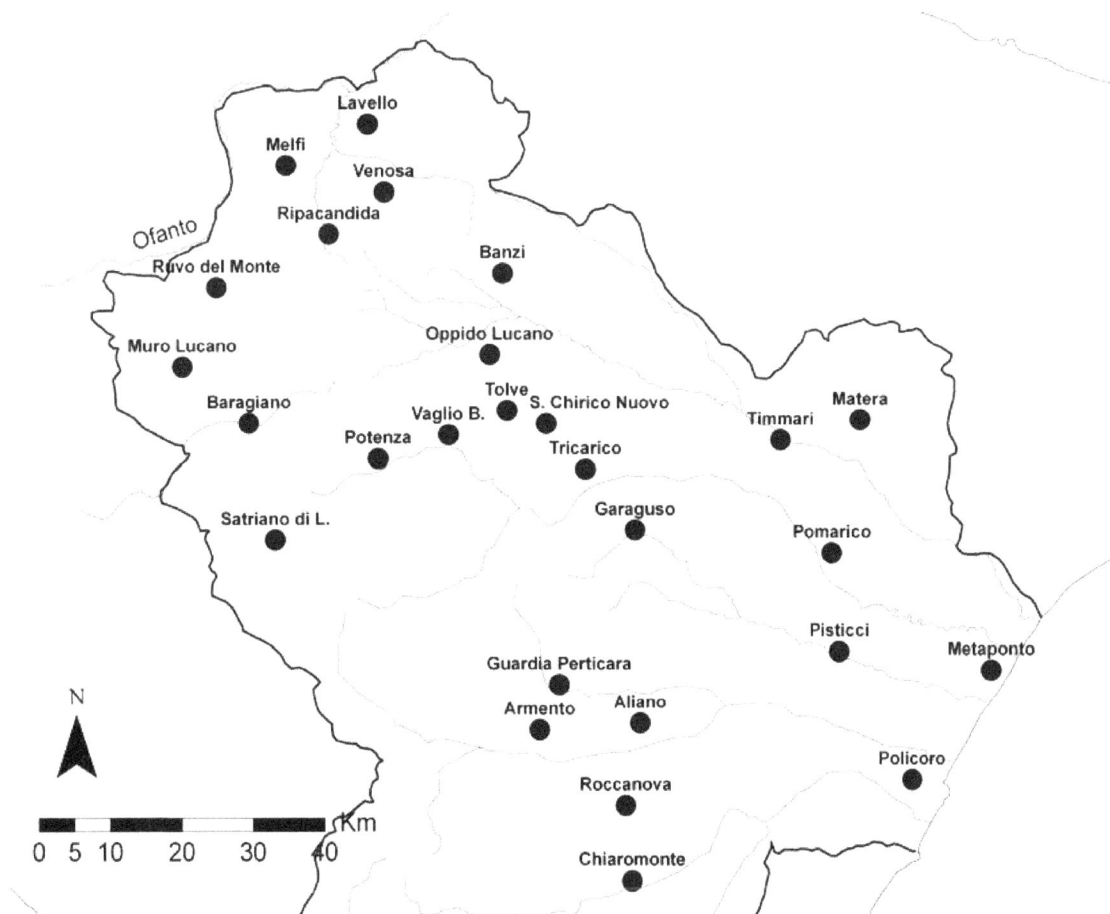

Fig. 1: Principal archaeological sites in Basilicata

Five rivers – the Bradano, Sinni, Agri, Basento and Cavone – cut wide and deep valleys in their journeys towards the Ionian Sea, and cross what is generally a mountainous landscape formed by the southernmost section of the Apennines.  However, this mountainous area extends a little into the coastal band of the Ionian Sea, where a small coastal plain extends eastwards from Sibari, inhabited in the Archaic Period by the colonial Greeks of Magna Graecia.

It was the Greeks of this coastal plain, keeping their settlements near the sea as they did, and confronted with an indigenous culture that kept to the forests and mountains of the interior, who translated into their language etymon of the Lucanians. The Greeks took the word *lùkos,* probably a derivative from Lucanian, but which meant "wolf", the animal, the master, of the forests (Giura Longo 2006, 10).

From as early as the lower Palaeolithic in Basilicata *Homo Erectus* had found suitable habitats in parts of the lacustrine river basins for their main activities of hunting and gathering. From this period are dated the earliest signs of human activity in this part of South Italy, with tangible traces discovered at various sites. These include Notarchirico in the territory of Venosa,

Cinque fiumi -Bradano, Sinni, Agri, Basento e Cavone- scavando larghe e profonde vallate nella loro corsa verso il Mar Jonio, attraversano un territorio per lo più montuoso, data la presenza nell'interland delle ultime propaggini dell'Appennino.

Poco estese sono, al contrario, le fasce costiere ove si stanziarono in epoca arcaica i Greci colonizzatori.

Furono proprio i Greci, giunti dal mare e trovatisi a confrontarsi con gli autoctoni che avevano organizzato la propria vita nei boschi e sulle alture, a tradurre nella loro lingua l'etimo dei Lucani, derivandolo da *lùkos:* il lupo, l'animale che vive nei boschi (Giura Longo 2006, 10).

Già dal Paleolitico inferiore in Basilicata *l'Homo Erectus* aveva trovato nelle aree dei bacini lacustri un habitat idoneo per le sue principali attività di caccia e raccolta; a quest'epoca risalgono infatti i primi segni di frequentazione umana, di cui tracce tangibili sono state rinvenute in diverse zone: da Notarchirico nel territorio venosino, a Tuppo di Sassi presso Filiano , ai resti fossili

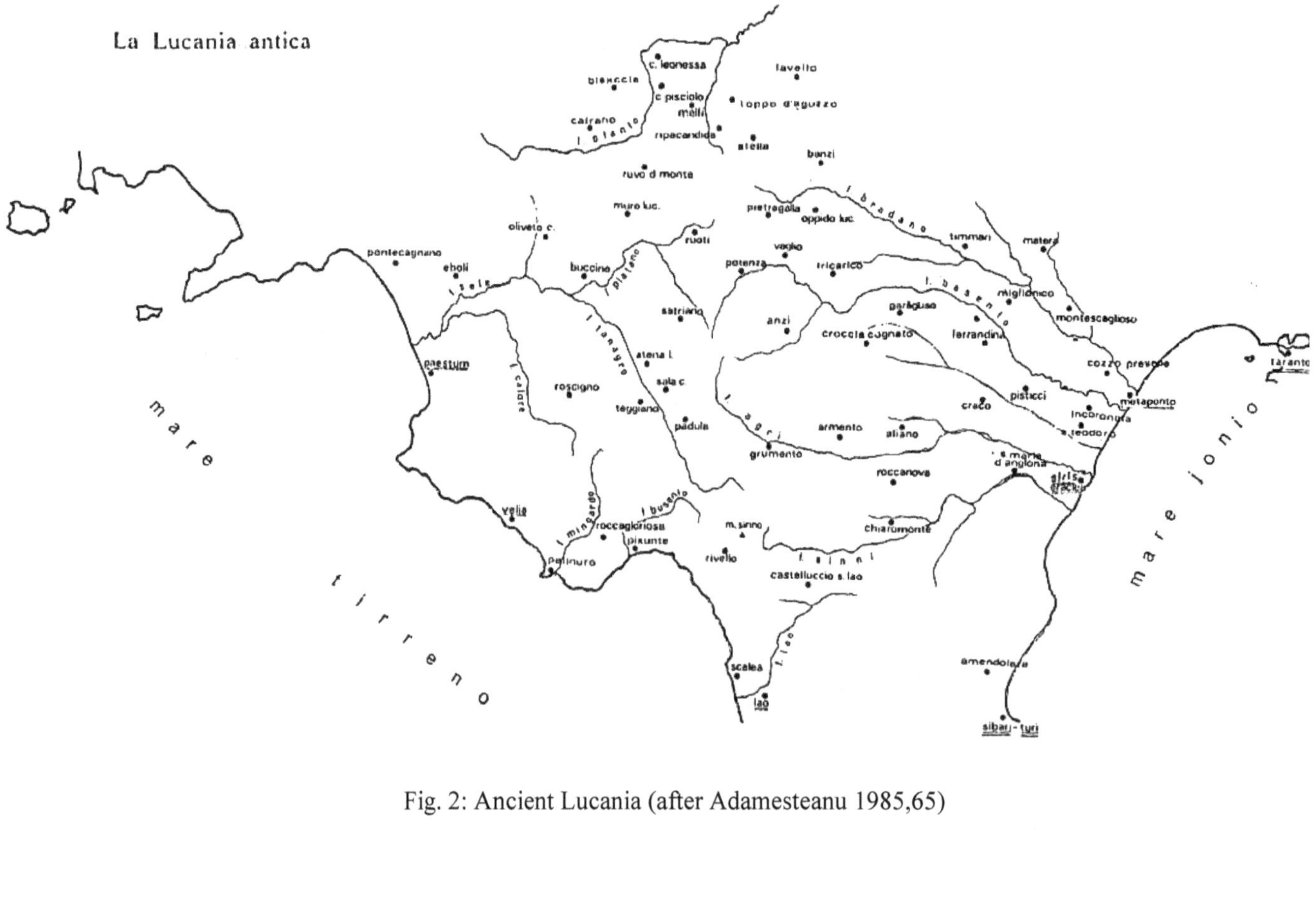

Fig. 2: Ancient Lucania (after Adamesteanu 1985,65)

Tuppo di Sassi near Filiano, and fossil remains of tusks of *Elefans antiquus* which became bogged in mud in the prehistoric river basin of Atella.

During the early Neolithic, humans in South Italy abandoned the caves and grottoes, which were the first prehistoric shelters, and began practicing rudimentary agriculture. Settlement began as humans passed from nomadism to organised life in villages. These villages were usually made up of huts arranged in circles and fortified with defensive ditches, such as those found at Metaponto, Tolve, Tricarico and Rendina di Melfi (fig. 1).

These permanent settlements multiplied in the Bronze Age (fig. 3), and came to include areas previously unpopulated. These Bronze Age settlements lived off pastoralism and agriculture and worked metals and ceramics in order to obtain weapons, tools and storage vessels. Lastly, there is evidence of limited exchange with neighbouring populations, by both land and sea.

delle zanne di un'*Elefans antiquus* impantanatosi sulle rive del bacino di Atella

Durante il Neolitico, abbandonate le grotte, primi rifugi preistorici, gli uomini scoprirono l'agricoltura, passando dunque dal nomadismo ad una vita organizzata nei primi villaggi di capanne disposte circolarmente e munite di fossati difensivi, come attestato dagli studi condotti ad esempio nelle aree di Metaponto, Tolve, Tricarico e Rendina di Melfi (fig. 1).

Gli insediamenti stanziali si moltiplicano nell'età del Bronzo (fig. 3), interessando anche aree precedentemente spopolate; questi uomini vivono di pastorizia e agricoltura, lavorano metalli e ceramiche per ottenerne armi, utensili per la conservazione dei prodotti, attività finalizzate anche allo scambio con popolazioni limitrofe che raggiungevano via terra e via mare.

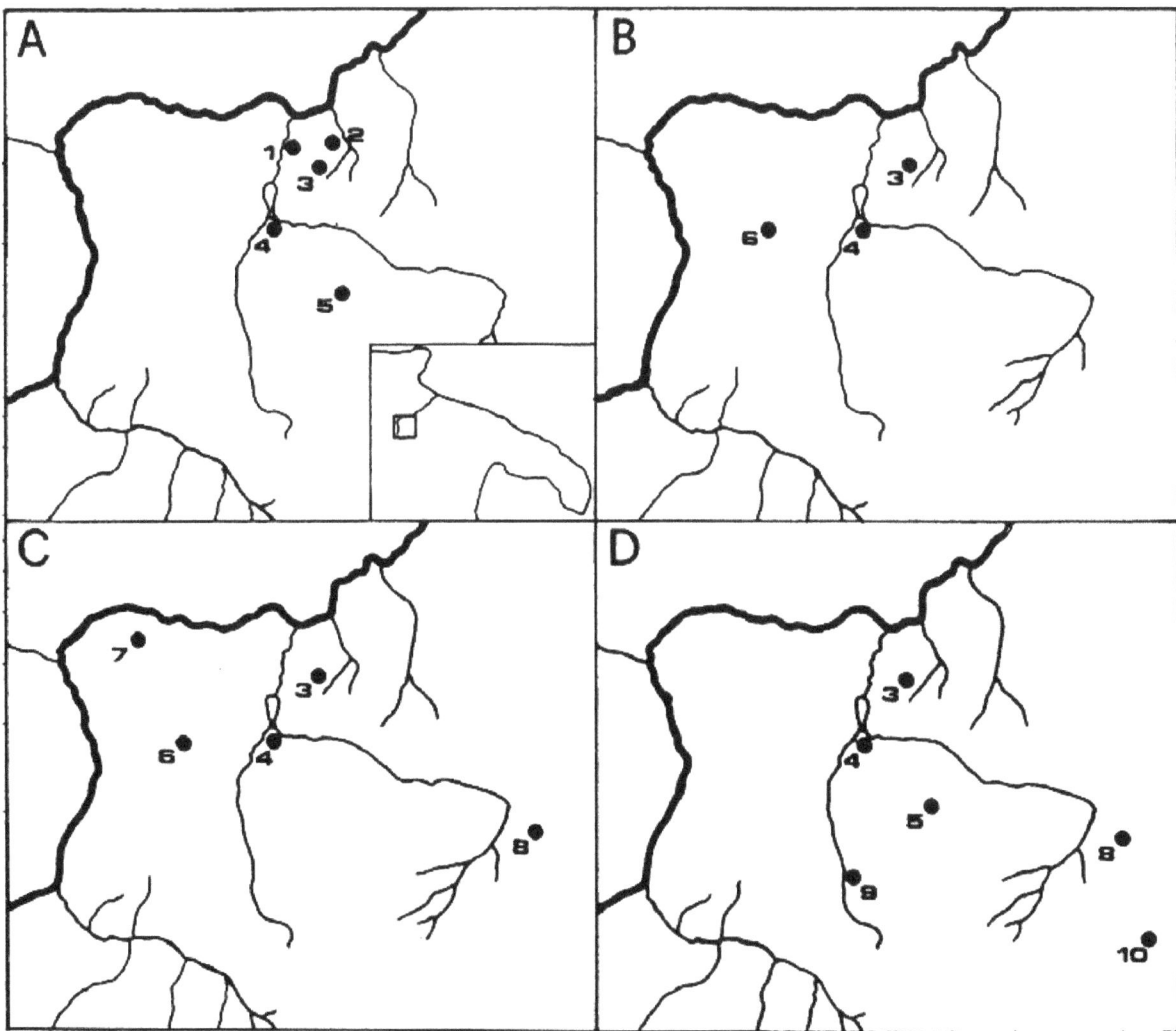

Fig. 3: Changes in the Bronze Age

A) Middle Bronze; B) Late Bronze; C) Final Bronze; D) Early Iron Age.

1) Casa del Diavolo; 2) Lavello Le Carrozze; 3) Lavello San Felice; 4) Toppo D'Aguzzo; 5) Venosa; 6) Melfi; 7) Leonessa; 8) Palazzo San Gervasio; 9) Ripacandida; 10) Banzi. (da Cipolloni Sampò 1984, 77)

The first nucleated settlements, attested by excavated finds in the territory, are dateable to between the 9th and 8th centuries BC, during the Early Iron Age. Such settlements were dispersed on hill-tops and heights, usually in proximity to rivers and springs, conglomerations of dwellings loosely distinguished from one another. It was at this moment in history, which extended until the first decades of the 7th century, that we have the first evidence for a material culture that covered a wide geographical extent, a regional phenomenon commonly attributed to the Enotrians.

However, Enotrian material culture shows little sign of penetrating as far north as the Melfese. In this area we see more evidence for Daunian influence from the north and east, as well as influences from the zone located between the Agri and Sinni rivers, where Strabo placed those people he called the Choni (Fucella 1996; Soprintendenza Basilicata s.d.; Giura Longo 2006).

From the 7th century BC the arrival of colonial Greeks in southern Italy destabilised the apparent equilibrium of the Enotrian hinterland, not only in the coastal zones where Greeks settled, but all over indigenous South Italy. Thos centres nearer the new colonies soon came under the Greek cultural and political sphere, while those further inland underwent a process of change initiated by Greek cultural influences.

The presence of wide fluvial valleys, in fact, was an important and often determining factor in the history of human interaction with the natural environment of the region. These rivers were in part navigable, and easily accessible to several cultural groups in the area, facilitating movement both within the region and from one coast to another. This mobility along what were the equivalent of ancient highways, lead to the interaction of cultures with the region, while leaving tangible evidence of the form of that interaction.

The Bradano, which later came to mark the border with Apulia, constituted one of the most important axes of communication in this area, with settlements along its course (Metaponto- Montescaglioso- Melfi) which took advantage of a series of tracks and communication routes that connected the Ionian Sea with the Vulture region. The Greek colonies of the coast, Siris-Polieion Herakleia and Metaponto, thereby established enduring relations with the indigenous populations of the interior, most notably the Enotrians, by these means and others such as the Agri and Sinni valleys. Such cultural contacts, relations and means of exchange were essential elements for the development of all cultural groups in South Italy (Soprintendenza Basilicata s.d.; Tagliente 1999b).

I primi nuclei, attestati dalle attività di scavo sul territorio, più consistenti fra il IX e l'VIII sec. a.C., quindi durante l'età del Ferro, erano dispersi sulle colline, in prossimità di fiumi e sorgenti, senza riscontri di agglomerati che si distinguessero dagli altri: è questo l'unico momento, che si protrae fino ai primi decenni del secolo successivo, in cui viene individuata una sorta di unità nella cultura materiale di un'ampia area della regione, comunemente attribuita agli Enotri.

Tuttavia tale unità non comprendeva l'area del Melfese, pregna piuttosto di influenze daunie, e la zona compresa tra le foci dell'Agri e del Sinni, dove Strabone stesso collocava i Choni (Fucella 1996; Soprintendenza Basilicata s.d.; Giura Longo 2006).

Dal VII secolo gli equilibri dei gruppi enotri vennero destabilizzati dall'arrivo dei coloni greci, non solo nelle zone costiere dove si stanziarono, bensì in tutto il mondo indigeno: i centri più vicini alle nuove colonie vennero presto assorbiti nella loro sfera culturale e politica, quelli più interni ne subirono comunque le contaminazioni.

La presenza di ampie vallate fluviali, infatti, influì in modo determinante sulla storia dell'antropizzazione della regione; essendo in buona parte navigabili, questi fiumi permettevano facilmente alle varie genti stanziate nell'area e lungo i suoi confini di spostarsi con comodità da una costa all'altra, chiaramente attraverso l'interno della regione; tale mobilità originava un confronto con differenti culture dalle quali attingere e lasciava contemporaneamente il segno del loro passaggio.

Il Bradano, segnando il confine con l'Apulia, costituiva un'asse di comunicazione rilevante, essendo frequentato per tutto il suo corso (Metaponto- Montescaglioso-Melfi) sfruttando pure una serie di tratturi che collegavano lo Jonio al Vulture, e i coloni greci di Siris-Polieion, Metaponto, Herakleia stabilirono relazioni costanti con le popolazioni dell'entroterra attraverso questo ed altri percorsi naturali, come quelli dei fiumi Agri e Sinni.

Comunicazioni, rapporti culturali e possibilità di scambi: basi essenziali per la crescita di ogni civiltà (Soprintendenza Basilicata s.d.; Tagliente 1999b).

It is, however, impossible to examine the history of the Basilicata and to [distinguish fundamental characteristics that are fixed and immutable which describe a valid regional identity in all cases] (Giura Longo 2006, 8).

While the Greeks, situating themselves on the Ionian and Tyrrhenian coasts, took the art and even artisans of Greek civilisation along the fluvial valleys to the indigenous hinterland, they were not alone. One must keep in mind that these communication routes, including the Sele and Ofanto, were also used to carry examples of the material culture of the Apulo-Iapigians, the Daunians and the Etruscans of Campania into the Vulture-Melfese region (Di Bello 1996, 15). Towards the end of the 7th century BC, in particular, objects begin to appear among the grave goods of indigenous aristocrats which are clearly imported into the region from Greek and Etruscan contexts (Soprintendenza Basilicata, 38). This will be discussed in more detail in the chapters below.

The overall indigenous environment was diverse in both space and time and was never a unified phenomenon, but was loaded with unique and original expressions of local culture as well as influences from diverse sources, each of which should be considered and analysed.

The morphology of Basilicata, thus composed and diversified, obliges us to separately analyse the archaeological evidence available to us, and to do this in different ways. Often the substantial differences between areas can be largely due to the geographic position and particularities of a zone within the region. It was for this reason that a conference held in Atella in 1964, in the same year as the inauguration of the Archaeological Superintendency of Basilicata, decided upon the separation of what might be termed the cultural zones of the Melfese, the Potentino, the Materano, the Metapontino and the Valle d'Agri. These zones had, over the course of many studies, shown evidence of distinguishing characteristics which render them identifiable as specific units which may be therefore denominated. One may give the examples of the zones of Lagonegro–Maratea and that of Balvano–Muro Lucano (Adamesteanu 1985, 49).

In the presence of the realities of such a region, the relative lack of archaeological data at our disposal does not always help clarify the situation. The Archaeological Superintendency is engaged mainly in the protection of cultural heritage; it is involved in urgent intervention, rescue excavations, and conservation and publication of finds. As such, the work undertaken by the Superintendency is only rarely profound or definitive. The limited and restricted

Tuttavia è impossibile, ripercorrendo la storia della Basilicata, "individuare in essa caratteri originali fissi ed immutabili e quindi isolare un'identità regionale antropica valida per sempre" (Giura Longo 2006, 8).

Infatti, mentre i greci, stanziandosi sulle coste jonica e tirrenica, portarono con sé arti e maestranze della civiltà ellenica, lungo i percorsi fluviali, quali, oltre ai già citati, quelli del Sele e dell'Ofanto, nel Vulture- Melfese, sono attestati penetrazioni e traffici apulo- iapigi, daunii ed etrusco- campani (Di Bello 1996, 15).

Verso la fine del VII sec. si aggiungono agli oggetti dei corredi delle sepolture delle aristocrazie indigene dell'interno della regione numerosi esemplari di importazione sia greca che etrusca (Soprintendenza Basilicata, 38).

In particolare tali temi saranno approfonditi successivamente, essendo questa l'area che andrò ad analizzare (Cfr. paragrafo 1.3.2).

Il panorama dell'ambiente indigeno, diversificato nello spazio e nel tempo, non si presenta mai unitario, bensì pregno di singolari originalità e diversi influssi a seconda delle zone che si vogliano prendere in esame.

La stessa morfologia della Basilicata, così composta e diversificata, ci obbliga ad analizzare le vicende archeologiche delle varie aree separatamente, poiché spesso sono riscontrabili differenze anche sostanziali a seconda della posizione geografica occupata nella regione: vennero distinte dunque, durante una Riunione culturale tenutasi ad Atella lo stesso anno di istituzione della Soprintendenza della Basilicata –1964- in: area del Melfese, del Potentino, del Materano, del Metapontino e della Valle d'Agri, alcune delle quali nel corso dei lavori evidenziarono ulteriori caratteri distintivi, tanto da renderne necessaria una specifica denominazione, quali ad esempio, la zona di Lagonegro–Maratea e quella di Balvano–Muro Lucano (Adamesteanu 1985, 49).

Al cospetto di una realtà regionale così articolata non aiuta a chiarirsi le idee la relativa scarsezza dei dati a nostra disposizione, essendo la Soprintendenza della Basilicata impegnata maggiormente a risolvere i pure urgenti interventi di conservazione, ritardando le modo definitivo, soprattutto per l'esiguità dei fondi; prova ne è

investigations of the Superintendency and the incomplete publication of the data therefrom results in certain difficulties – for which the author can personally testify – in acquiring a full understanding of the data. This then complicates any attempt to foster scholarly interest and frustrates those trying to create ties with Universities and private institutions.

If we begin by restricting the analysis to the objective of our research, we can confidently assert that the indigenous people present in the central eastern part of Lucania by the beginning of the 7th century BC were [different from the Enotrians, closer to the Apulians, and with respect to the Lucanians as historically defined showing distinct elements of discontinuity rather than continuity] (Bottini 1992, 12).

Although the indigenous population is known to have had contact with the Greek colonies, it is not known if this was a development directly conditioned by the acquisition of Greek cultural material, or a more profound relationship. The area of the Melfese was indeed a crossroads, situated directly to the north and did, after all, mark the border between the Lucanians of Enotria (or pre-Lucanians), the Daunians and the Iapygians. It was an area given to a particular positioning between the Ofanto and the Bradano, with the Ofanto leading to the *emporion* of Canosa on the Adriatic and Pontecagnano on the Tyrrhenian.

The area of the Melfese-Vulture thus represented a nodal point that guaranteed the possibility of passage along the fluvial valleys. It controlled the Ofanto-Sele axis and managed exchanges between the agriculturally productive hinterland and the material assets of the coast (Tagliente 1987, 140-142).

The north-western extremity of the region, which we will now analyse in specific archaeological terms, is therefore [well defined as one of the more important routes that put cultures of the Adriatic in contact with central South Italy: the Ofanto river on which Daunian civilization developed, situated in Apulia but also in north-western Basilicata, conferred to the zone of the Melfese a Daunian cultural aspect, different from that of the rest of the region] (Adamesteanu 1987, 54).

pubblicazioni e la divulgazione dei risultati delle ricerche sul campo, solo raramente approfondite in la grande difficoltà, testata da chi scrive, di prendere visione dei dati acquisiti e, dunque, di poter contribuire a creare un interesse tale da sperare di reperire tali fondi creando legami di partnership con Università o privati.

Volendo iniziare a restringere l'analisi all'area oggetto di questa ricerca, possiamo comunque asserire che le genti indigene presenti già a partire dal corso del VII sec. a.C. nella zona centro-orientale della Lucania sono "diverse dagli Enotri, affini invece agli Apuli, e che rispetto ai *Lucani* storicamente definiti esiste un rapporto marcato piuttosto da elementi di discontinuità che di continuità" (Bottini 1992, 12).

Seppure entrate in contatto con i coloni greci, non conoscono, a differenza d'altri, uno sviluppo direttamente condizionato dagli elementi culturali ellenici; ed è proprio il distretto del Melfese, situato più a nord, a segnare piuttosto il confine tra i Lucani dell'entroterra, i *Daunii* e gli *Hirpini*, data la particolare collocazione tra la valle dell'Ofanto e quella del Bradano, alle cui estremità sono ubicati l'*emporion* di Canosa e quello di Pontecagnano, il primo sull'Adriatico e il secondo sul Tirreno.

Quest'area rappresentava, un punto nodale che garantiva la possibilità del passaggio lungo le vallate fluviali controllando l'asse Ofanto-Sele, e gestiva gli scambi tra le produzioni agricole ed i beni materiali (Tagliente 1987, 140-142).

L'estremità nord-occidentale della regione, di cui ora passeremo ad analizzare nello specifico le vicende archeologiche, è dunque "ben definita da una delle più importanti vie che mettevano in contatto le culture dell'Adriatico con la parte centrale dell'Italia meridionale: il fiume Ofanto su cui si è sviluppata la civiltà daunia, comune all'Apulia ma comune anche alla Basilicata nord-occidentale, conferendo alla zona del Melfese un aspetto culturale tipicamente daunio, diverso da quello del resto della regione" (Adamesteanu 1987, 54).

## 1.2 The valley of the Ofanto and the Melfese

The territory of the Melfese, located in the north-western zone of the region of Basilicata, lies between the immense and instantly recognizable volcano of Mount Vulture, the Lucanian Apennines, and the Murge Pugliesi (the plateau of north-central Puglia), and is defined by the Ofanto to the north and the upper Bradano to the south. Geographically it is distinguished by two main areas: the rolling plains of Daunia, in which are situated the centres of Melfi, Lavello and Banzi, and the mountainous region of northern Lucania, of which the main centres in the area are Ripacandida and Ruvo del Monte (fig. 4).

As has already been pointed out, the Melfese has a strategic position in central South Italy. The Melfese is in the immediate vicinity of the Ofanto-Sele axis

## 1.2 La valle dell'Ofanto: il Melfese

Il territorio del Melfese, situato nella zona nord-occidentale della regione della Basilicata, è circoscritto tra il massiccio del monte Vulture, l'Appennino lucano, le Murge Pugliesi e delimitato dal medio corso dell'Ofanto a nord e dall'alta valle del Bradano a sud. Geograficamente è distinto in due diverse aree, quella piano-collinare daunia, nella quale si distinguono i siti di Melfi, Lavello e Banzi, e quella montuosa nord-lucana, i cui centri principali sono Ripacandida e Ruvo del Monte (fig. 4).

Come già accennato precedentemente, data la posizione senza dubbio strategica, grazie all'immediata vicinanza all'asse Ofanto–Sele

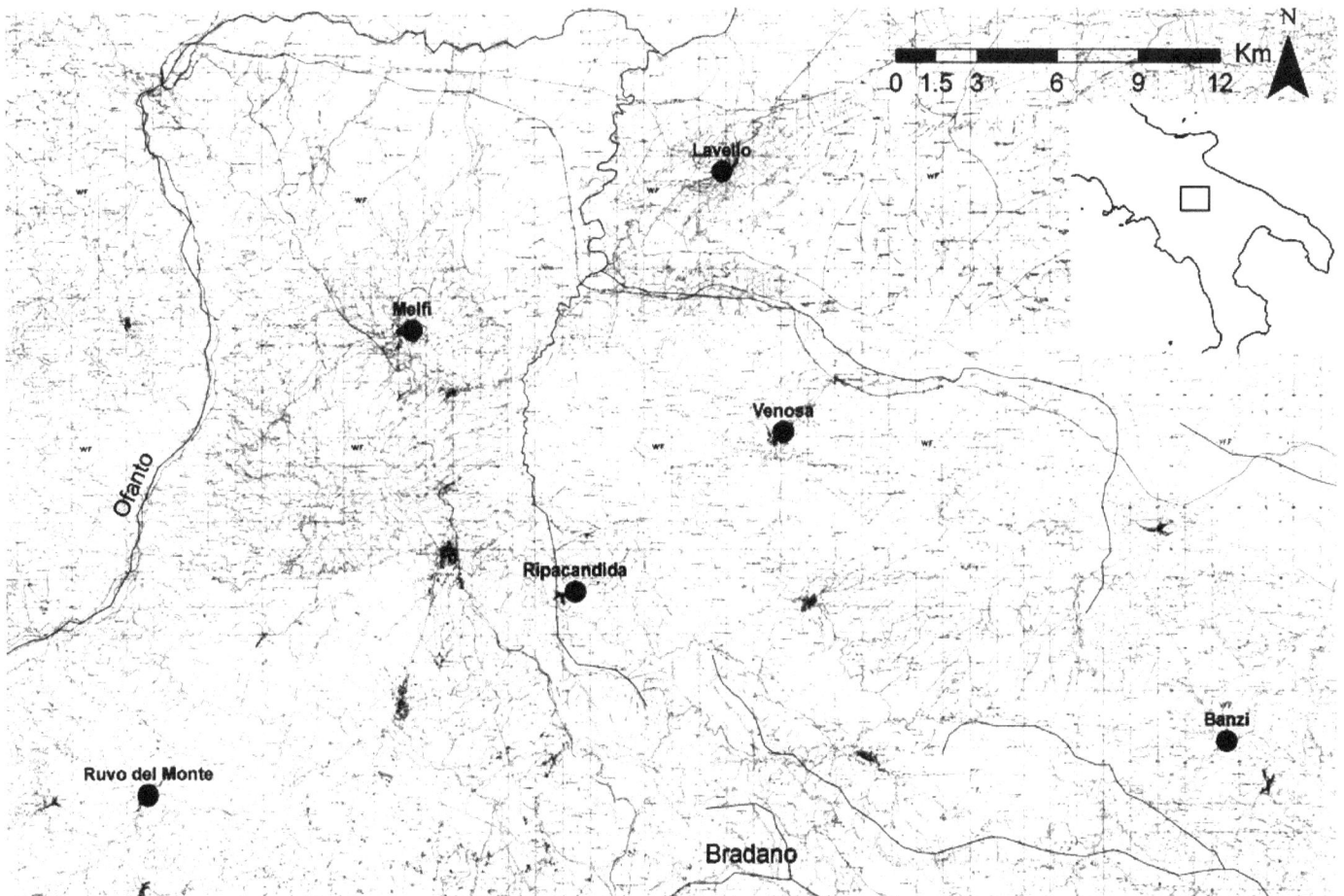

Fig. 4: The Melfese

(which gives easy access to Campania in the west and the Daunian area of Tavoliere dell'odierna in Puglia to the east), as well as the Bradano and the networks connected to that valley (giving access to the Ionian Sea and thus the Greek colonies of the coast). The Melfese has undergone various evolutionary changes that are distinctive, unique, and difficult to compare to other areas of the region. However, the Melfese still shows, even within varying timeframes, what we might in some ways still term a "unitary" picture from the point of view of the material culture.

Beyond the advantages that were present for indigenous Italians situated in such a position in the absolute nerve centre of South Italian communications, putting them into contact with various ethnicities throughout the region, it is well to emphasize that the vicinity to water in this area went beyond simple ease of transport. These water courses and volcanic soils made the area particularly fertile and rich in natural resources, and favoured settlement in the area from at least the protohistoric period, largely in the hilly areas (Soprintendenza Basilicata 2004; Ciriello 1996; cfr. Bottini 1982).

Insofar as the historical-cultural aspect goes [the ancient sources have never included this geographic area in that of the Enotrians and the Lucanians, tacitly considering it part of Daunia, which seems confirmed by the archaeological evidence, and which suggests an area clearly distinguished from the rest of Basilicata] (De Juliis 1977, 79). It would in fact be wrong to consider this area merely an expansion of the distribution of Daunian geometric ceramics, since the close cultural ties between the Melfese and Daunia already in evidence in the archaic period do not allow us to examine this area separately from Daunia (De Juliis 1977).

Since the picture we have of the population of the Melfese, therefore, particularly on the south bank of the Ofanto, includes the presence of people of Daunian culture, and is even less permeated by Greek culture than those areas in direct contact with the Greek colonies, it seems appropriate here to illustrate some of the essential features of Daunia.

Ancient Daunia lies between the Fortore river and the upper Bradano valley, and developed within a varied and composite geographical environment. This area, which comprises varied territorial morphologies and means of sustenance, can be distinguished by three main areas, each one characterised by a different type of settlement and showing particular cultural attributes.

(che rendeva agevolmente raggiungibili la Campania ad ovest e il distretto daunio del Tavoliere dell'odierna Puglia ad est) ed al Bradano ed i suoi tratturi (comode vie verso lo Jonio e, dunque, verso le colonie greche della costa), il Melfese ha avuto percorsi ed attraversato fasi evolutive sempre singolari, esclusive, difficilmente assimilabili alle vicende che hanno interessato le altre aree della regione dove, seppure per determinati lassi di tempo, si è potuto in qualche modo parlare di "unità" dal punto di vista della cultura materiale.

Oltre ai vantaggi che derivavano alle genti italiche ivi stanziatesi dalla posizione assolutamente centrale nella zona nevralgica di comunicazione che metteva in contatto diverse etnie, è bene sottolineare come la vicinanza a numerosi corsi d'acqua rendesse quest'area particolarmente fertile e ricca di naturali fonti di sussistenza, favorendo, sin dall'età protostorica, l'occupazione, prevalentemente sulle aree collinari (Soprintendenza Basilicata 2004; Ciriello 1996; cfr. Bottini 1982).

Per quanto concerne l'aspetto storico-culturale "le fonti antiche non hanno mai incluso tale area geografica tra quelle Enotrio-lucane, considerandola tacitamente parte della Daunia e ciò sembra confermato dall'evidenza archeologica che induce a distinguerla nettamente dalla rimanente Basilicata" (De Juliis 1977, 79).

Sarebbe infatti riduttivo considerarla un'area di espansione della ceramica geometrica daunia, posti gli stretti legami culturali che già in età arcaica non permettono di esaminarla separatamente dal mondo daunio (De Juliis 1977).

Essendo, dunque, il quadro del popolamento del Melfese, particolarmente sul versante meridionale della valle dell'Ofanto, caratterizzato dalla presenza di genti di cultura daunia, quella meno permeata di elementi ellenici rispetto alle aree a diretto contatto con le colonie greche, appare doveroso illustrarne qui i tratti essenziali.

La Daunia antica, compresa tra il fiume Fortore e l'alta valle del Bradano, si sviluppava entro un ambiente geografico vario e composito, dove la morfologia del territorio e le diverse fonti di sussistenza che ne derivavano, portarono a distinguere tre diversi distretti, ognuno caratterizzato da tipologie di insediamento ed esiti culturali differenziati.

The first of these regions, confined to an ideal border of the Candelore River, is the Gargano promontory. This was a fertile area of high mountains with largely Mediterranean oak forests extending to the Adriatic Sea. The economy was based essentially on pastoralism and fishing, activities which guaranteed subsistence. The second area was that of the so-called Tavoliere, which consists of a low central plain where the main source of subsistence was agricultural activity, and a band of hills, with an area of swampy lagoons along the coastal strip. In these latter zones the economy was based on hunting and fishing in the rich lagoons of the area. The third area, central to this work, was that of the Melfese. This area, between the plains and the mountains, was rich with watercourses and springs – with the Ofanto running through it – where, besides agriculture, the breeding of pigs was commonly practiced (Amiotti 1994, 111).

[A true and valid delineation of a frontier, clearly defined thanks to recent and exemplary research, is that of the Melfese in the central Ofanto valley, where it has assisted in a range of transformational phenomena, the fruit of a continuous processes of cultural osmosis, typical of a zone of contact, and radical changes in the ordering of the territory] (Greco 1992, 98).

In this study we will therefore analyse topics central to archaeological activity that has been conducted in this area, which, without doubt, are interconnected. Essentially this will cover the 8th and 7th centuries BC and the period of Greek colonisation, through to the evidence uncovered for the Roman period.

Modern archaeological research in this area, beyond a few isolated studies, began in the 1960s under the guidance of Professor Dinu Adamesteanu, the first superintendent for archaeology in Basilicata. Thanks almost entirely to his work and the excavations and collaborative projects initiated by him, particularly with dott.sa Giuliana Tocco and dott.sa Mirella Cipolloni Sampò, there resulted the discovery of sites of fundamental importance, above all the sites of Chiucchiari, Pisciolo and Rendina di Melfi in the hills around Melfi.

In the two decades following Adamesteanu, the Superintendency for archaeology in Basilicata continued research in the area under figures such as dott. Angelo Bottini. During these years discoveries of vast importance have been made from excavations in Lavello, which has been identified as ancient *Forentum*, in Banzi, the site of ancient *Bantia*, and in Ruvo del Monte and Ripacandida. This has allowed us to attempt reconstructions of the history of this area in all its multiple aspects (Ciriello 1996). Contributions have also been made thanks to the collaboration

Il primo, al di là del confine ideale del fiume Candelore, era il promontorio del Gargano, che si sviluppava su alte montagne ricche di boschi e querceti estendendosi fino al mar Adriatico; l'economia si basava essenzialmente sulla pastorizia e sulla pesca, attività che garantivano la sussistenza alla popolazione locale.

Il secondo era quello del Tavoliere, che comprendeva la bassa pianura centrale, dove principale fonte di sussistenza era l'attività agricola, e la fascia collinare e la striscia costiera delle lagune paludose, la cui economia si basava sulla caccia e sulla pesca della ricca fauna lacustre.

Oggetto di quest'analisi, infine, il terzo distretto, quello del Melfese, che si estendeva su un ampia fascia di pianure e colline, ricco di corsi d'acqua e prossimo alle rive dell'Ofanto, dove oltre all'agricoltura si praticava l'allevamento dei suini (Amiotti 1994, 111).

"Una vera e propria marca di frontiera che è venuta definendosi in modo assai chiaro grazie a recentissime ed esemplari ricerche è quella del Melfese, nel medio corso dell'Ofanto, dove si assiste ad una serie di fenomeni di trasformazione, frutto di continui processi di osmosi culturale, tipici di una zona di contatto, e di cambiamenti radicali degli assetti del territorio" (Greco 1992, 98).

Nell'elaborazione di questa tesi analizzeremo dunque i temi centrali dell'attività archeologica di quest'area, fra loro strettamente connessi, ovvero quelli delle vicende delle comunità indigene, essenzialmente fra l'VIII ed il III secolo a.C., e della colonizzazione greca, fino a giungere alle testimonianze di epoca romana.

La moderna ricerca archeologica ha mosso i suoi primi passi negli anni sessanta, sotto la guida del prof. Dinu Adamesteanu, che grazie alle sue intuizioni, agli scavi condotti con la collaborazione in particolare della dott.sa Giuliana Tocco e alle ricerche della dott.sa Mirella Cipolloni Sampò, diede un contributo fondamentale al rinvenimento di siti di grande rilievo, soprattutto sulle colline di Melfi 'Chiucchiari' ed in località 'Pisciolo' e a 'Rendina' di Melfi.

Nei due decenni successivi l'allora Soprintendente Archeologico della Basilicata dott. Angelo Bottini proseguì le ricerche nella zona, ottenendo incredibili risultati in specie negli scavi condotti nei siti di Lavello, da lui identificata poi con l' antica *Forentum*, di Banzi, l'antica *Bantia*, di Ruvo del Monte e di Ripacandida, nell'intento di ricostruire la storia dell'area nei suoi molteplici aspetti (Ciriello 1996); obbiettivo in parte raggiunti anche grazie alla collaborazione di archeologi,

of archaeologists who are today civil employees of the Superintendency; contributions such as those of dott. Marcello Tagliente, dott.sa Alfonsina Russo Tagliente and dott.sa Rosanna Ciriello, director of the Archaeological Museum of the Vulture and Melfese. These archaeologists are still engaged in research and the study of new finds from this area.

oggi funzionari della Soprintendenza, quali il dott. Marcello Tagliente e la dott.sa Alfonsina Russo Tagliente, e la dott.sa Rosanna Ciriello, direttrice del Museo Archeologico del Vulture e Melfese, ancora impegnati nello studio e negli approfondimenti delle ricerche sul campo.

## 1.3.1 From the Prehistoric to the first external contacts in the Archaic Period

Archaeological excavation and research in Basilicata began, as has already been pointed out, with the appointment of Dr. D. Adamesteanu. As he wrote in 1974, the inauguration of the superintendency for archaeology in Basilicata in 1965/66 began a new era in research in this zone (Adamesteanu 1974, 28). [To a great degree, however, activity has been concentrated in the same archaeological zones in which excavations were already taking place or in zones from where material was being removed without scientific supervision] (Adamesteanu 1974, 28).

In the Melfese district various investigations have been carried out using systematic methods: modern scientific recording, stratigraphic excavation and the careful analysis of finds. However, in other cases settlements and necropoleis have been seriously damaged by neglect and continuous ploughing. The result of this has been an inevitable loss to the archaeological record and the national patrimony of Italy. We can add that [there has also been a certain negligence in the care of archaeological sites] (Adamesteanu 1971, 833), which occurred in the 19th and much of the 20th centuries.

From mid-1965, however, archaeological research has been conducted with great care, skill and meticulousness such that we are now in possession of enough data to allow a reconstruction of much of the past of the Melfese.

In particular, [research in the last thirty years has already, in many and varied ways, emphasized the multiplicity of implications deriving from the opening up of internal trade routes in southern Italy between the 7th and 6th centuries and the consequent development of [indigenous] centres, in ways more or less determined by trade from the Greek colonies of the coast] (Cavallo 2005, 25).

Before progressing to the next part of this study, we propose, having previously emphasized the role of this zone as a "crossroads of cultures" and a junction between important routes in the area of the Melfese, to give some examples that demonstrate this affirmation. What follows is a brief excursus that will outline the different phases of the human environment of the principal zones in the district.

## 1.3.1 Le presenze umane: dai siti preistorici alle testimonianze dei contatti con le popolazioni esogene in età arcaica

L'attività di scavo e di ricerca archeologica regolare in Basilicata hanno inizio, come lo stesso dott. D. Adamesteanu asserisce in una sua pubblicazione del 1971, nel 1965/66 (Adamesteanu 1974, 28). "In grande misura, questa attività è stata concentrata però nelle stesse zone archeologiche in cui si erano già praticati scavi oppure in zone da cui proveniva materiale non scientificamente controllato" (Adamesteanu 1974, 28); anche nel distretto del Melfese diverse indagini vennero effettuate prima che venisse organizzata una ricerca sistematica seguendo il metodo dello scavo stratigrafico.

In altri casi insediamenti e necropoli hanno subito pesanti sconvolgimenti in conseguenza delle continue arature.
Ciò ha inevitabilmente arrecato un grave danno al patrimonio nazionale e bisogna aggiungere che "si è peccato anche di trascuratezza nei riguardi delle zone archeologiche" (Adamesteanu 1971, 833), perpetratasi per tutto l'800 e per buona parte del secolo scorso.

E tuttavia dalla metà dal 1965 in poi le ricerche sono state condotte con una perizia ed una meticolosità tale da poter comunque fornire elementi importanti ai fini della ricostruzione storico-archeologica del Melfese.

In particolare "le ricerche susseguitesi nell'ultimo trentennio hanno già sottolineato in modo vario e completo la molteplicità delle implicazioni derivanti dall'apertura di vie commerciali interne in Italia meridionale tra il VII ed il VI secolo ed il conseguente sviluppo dei centri situati, in modo più o meno determinante, sulla traiettoria degli assi commerciali congiungenti le colonie greche delle coste" (Cavallo 2005, 25).

Prima di passare alla fase successiva del lavoro, ci proponiamo qui, avendo precedentemente sottolineato il ruolo di "crocevia di culture" e giunzione tra importanti itinerari in specie dell'area del Melfese, di fornire alcuni esempi che diano validità alle nostre affermazioni, presentando un breve excursus che ci permetta di inquadrare le diverse fasi di antropizzazione dei principali territori di questo distretto.

The most ancient site discovered in the region of the Melfese and the Ofanto is the village of Rendina di Melfi. The excavation of this site provided important information which permitted the first attempts to model the settlement and exploitation of this territory during the course of the Neolithic (Cipolloni 1976). More recent research in the area allows even greater insight into the Neolithic. A short distance from the site at Rendina, further sites have been found in the localities of Valle Messina and Serra dei Canonici (Nava 2003).[1]

Somewhat later than this, research in the territory of Lavello (Sopraintendenza Basilicata 1985) has indicated phases of occupation at the village of Gaudiano I and the site of Olivento that are hypothesized to correlate with the final phases of Rendina. The probable dates for these sites have been determined by the recovery of fragments of archaic *ceramica impressa* (impressed ware), especially in the earliest phase of Gaudiano, and painted wares with white and red paint in the second phase of Gaudiano and at Olivento.

What came afterwards is demonstrated from two levels of occupation at the site of Leonessa, near Melfi. This site had large numbers of post-holes, pits, pebble pavements and amounts of *ceramica tricromica* (trichrome pottery). Similar finds were discovered at the site of San Felice in the territory of Lavello (Radi 1999).

As far as the Early Bronze Age is concerned, the fortuitous discovery of tombs 402 and 403 near contrada Casino in Lavello has been central to our understanding. Subsequently a hypogeum was discovered, constructed in many chambers and used from the Middle Bronze Age probably until the final moments of the epoch, at the site of contrada La Speranza at Lavello [in which the finds attest to the wealth of an already remarkably articulated social structure] (Masiello 2006, 71).

Fragments of decorated pottery with grooves and incisions typical of the "facies appenninica" have also been found. These coincide with the end of the Middle Bronze Age in South Italy and have been recovered from the sites of Casa del Diavolo, San Francesco, San Felice, Le Carrozze and La Speranza (Cipolloni 1984).

Il sito più antico esplorato nei territori presentati del distretto del Melfese e della valle dell'Ofanto è il villaggio di Rendina di Melfi, il cui scavo era finalizzato a contribuire a fornire dati per l'individuazione e la ricostruzione dei modelli di insediamento ed utilizzo del territorio nel corso del Neolitico (Cipolloni 1976).

Recentissime ricerche nell'area hanno permesso di individuare altri due insediamenti Neolitici, a poca distanza da quello del Rendina, nelle località di Valle Messina e Serra dei Canonici.[2]

Meno approfondite per quest'epoca, le ricerche in territorio di Lavello (Sopraintendenza Basilicata 1985), hanno comunque permesso di ipotizzare fasi correlate con quella finale di Rendina nel villaggio di Gaudiano prima, e nel sito sull'Olivento poi, dei quali le probabili datazioni sono state determinate soprattutto grazie al rinvenimento di frammenti di ceramica impressa arcaica, soprattutto in una prima fase di Gaudiano, e ceramiche figuline dipinte in bianco e/o rosso, in una seconda fase di Gaudiano e sull'Olivento.

Le vicende successive sono testimoniate dai due livelli di abitato del sito di Leonessa, presso Melfi, ricchi di buche di pali, acciottolati, pozzetti, appartenenti alla ceramica tricromica, e da alcune segnalazioni in località San Felice nel territorio lavellese (Radi 1999).

Per quanto concerne i rinvenimenti del periodo dell'antica età del Bronzo, ricordiamo le scoperte fortuite delle tombe 402 e 403 di Lavello, nei pressi di contrada Casino, e successivamente quella dell'ipogeo costituito da diversi ambienti, utilizzato con molta probabilità dalla media età del Bronzo fino ai momenti finali dell'epoca, di Lavello-contrada La Speranza, "i cui corredi attestano la ricchezza di una struttura sociale già notevolmente articolata" (Masiello 2006, 71).

Frammenti di ceramica decorata ad incisione e intaglio, tipici della "facies appenninica", coincidente con la fine della media età del Bronzo, sono stati rinvenuti nelle località Casa del Diavolo, San Francesco, San Felice, Le Carrozze e La Speranza (Cipolloni 1984).

---

[1] The site of *Serra dei Canonici* had already been discovered in the 1970s on the basis of superficial survey. Bianco-Cipolloni Sampò 1987, 307.

[2] Il sito di *Serra dei Canonici* era già noto sulla base di ricognizioni di superficie effettuate nel corso degli anni '70, cfr. in capitolo 3.2 Bianco-Cipolloni Sampò 1987, 307.

Very little evidence has been found for the Late Bronze Age. Only some bronzes and ceramics typical of the period "facies subappenninica" have been found in partial internments of tomb (hypogeum) 743 at contrada La Speranza at Lavello (Cipolloni Sampò 1999, 124).

The Final Bronze Age in the Melfese is represented by discontinuous evidence, the reason for which can only be a relative lack of research into this period. It is impossible to delineate an organic or comprehensive picture of all periods in these territories and describe all movements of peoples, the organisation of society, and the location of necropoleis. The zone of Melfi and Lavello is not made up of exhaustively investigated sites, and the data thus far obtained in the area to the north-east give little more than clues as to what may be found. Such data is insufficient [to supply us with evidence that is consistent enough for the reconstruction of those historical processes which we see, in actuality, by the Early Iron Age] (Cipolloni Sampò 1999, 130).

In effect, it seems that there developed other clusters of settlement between the 9th and the 8th centuries in the immediate vicinity of the Ofanto River. This certainly occurred at Leonessa di Melfi, close to extensive cultivatable and particularly fertile areas, as well as along other routes that connected such inland areas with the Adriatic and the plain of Puglia. There is evidence for such clusters and scattered groups of huts at Melfi and Lavello, and in the Archaic period at Ripacandida and Ruvo del Monte (Bianco 1999; Cipolloni 1984, 80).

There is also evidence from the Early Iron Age from Banzi. Besides fragments of pottery from the period, one of the main nuclei of settlement has been found at contrada Piano Carbone. A bronze fibula (ad arco serpeggiante) typical of this period has lent weight to the dating of the site (Cipolloni 1984, 79 n. 25).

In the indigenous world of Basilicata in central-south Italy, the 7th century BC [appears more and more as a crucial age, in which, between remarkable transformations and the additions of various influences, there were differentiated process of development in the many canton-like entities.... Fundamental to these changes was surely contact with the Greek colonies....more recent research, however, persuades us not to underrate the weight of internal relations between adjacent non-Hellenic communities, particularly of Apulia – and above all – of the Tyrrhenian coast, with which many of the nuclei that populated Basilicata in the Early Iron Age had strong connections] – (Bottini 1986, 157).

Scarsissime le attestazioni del Bronzo Recente, di cui fossili guida sono bronzi specifici e tipologie ceramiche della "facies subappenninica", riscontrabili in quest'area solo in parte delle sepolture della tomba ipogeica 743 di contrada La Speranza a Lavello (Cipolloni Sampò 1999, 124).

L'epoca del Bronzo finale è documentata in modo discontinuo, ragion per cui è impossibile delineare un panorama organico ed esauriente sulle vicende che interessarono tali territori, le tipologie di insediamenti, l'organizzazione della società, le necropoli; le aree di Melfi e

Lavello non comprendono siti esaustivamente indagati, e i dati ricavati in tutta l'area nord-orientale della regione sono poco più che segnalazioni, non appropriate a "fornirci tracce consistenti per la ricostruzione di quei processi storici che si colgono, ormai attuati, nella prima età del ferro" (Cipolloni Sampò 1999, 130).

In effetti tra il IX e l'VIII secolo a.C. si sviluppano altri agglomerati nell'immediata vicinanza del fiume Ofanto, come accade a Leonessa di Melfi, in prossimità di estese aree particolarmente fertili e dunque facilmente coltivabili, o lungo i percorsi che collegavano il distretto alla dorsale interna e alla zona adriatica, come attestano gli aggregati sparsi di capanne di Melfi e Lavello e, per l'età arcaica, anche Ripacandida e Ruvo del Monte (Bianco 1999; Cipolloni 1984, 80).

Attestazioni di frequentazioni durante la prima età del ferro provengono anche da Banzi: oltre ad alcuni frammenti ceramici, venne rinvenuta in una dei principali nuclei abitativi, individuato in contrada Piano Carbone, una fibula bronzea ad arco serpeggiante riferibile a quest'epoca (Cipolloni 1984, 79 n. 25).

Per il mondo indigeno della Basilicata centro-settentrionale il VII secolo a.C. "appare sempre più come un'epoca cruciale, in cui, fra notevoli trasformazioni e con l'assommarsi di apporti diversi, si avvia quel processo differenziato di sviluppo delle varie entità cantonali (…). Referente fondamentale di queste vicende è certamente il contatto con la presenza greca (…); le indagini più recenti inducono tuttavia a non sottovalutare il peso delle relazioni intrattenute anche con le comunità anelleniche confinanti, tanto della fascia apula che – e soprattutto – della costa tirrenica, ai quali molti dei nuclei che popolano la Basilicata di prima età del Ferro appaiono fortemente legati" (Bottini 1986, 157).

These entities mentioned by Bottini from this period onwards begin to show distinct cultural identities. Each of these can now be recognized above all else on the different pottery types with geometric decoration that replace the almost homogeneous protohistoric production (Yntema 1990, particularly ch. 3.3).

The circulation of these types of pottery, as well as others, outside their production areas are incontestable testimony to the contacts and exchanges between the various cultures of the greater region, even in the absence of literary sources that might clarify the many changes that occurred in the area in this period.

A good primary example of this phenomenon is the central site of Ripacandida. This site is situated in the "northern Lucanian" area of the Melfese district and it is flanked by the Ofanto to the north and the Bradano to the south. Its role as a bridge between various ethnicities in the region has been confirmed by the exploration of the settlement. Here have come to light two ancient wells, the contents of which when examined proved to date to the middle of the 7th century BC. Among the material recovered was pottery with geometric decoration of local production (Tagliente 1999, 394), as well as pottery from workshops in adjacent areas such as the Matera area to the south and Daunia to the north and east (Bottini 1986, 163). [The geographic positioning of Ripacandida, positioned at the limit of the Enotrian sub-Apennines and the Daunian plains, is probably fundamental to the meaningful presence of Daunian ceramics – mainly from Canosa – which can often be placed side by side with ceramic production in the interior of Basilicata] (Bottini 1986b, 480).

In Lavello we find strong evidence that underlines the role of this site as a strategic point on the Ofanto-Sele axis, which from the 7th century BC this site began to hold. This is evidenced by the grave goods from the "princely tombs" that indicate the emergence of a ranked or chiefdom society in the territory of Lavello. This phenomenon is attested from archaeology in areas beyond that of Daunia, particularly in the more obvious evidence from Etruria. This evidence includes [prestige items…bronze vessels of Tyrrhenian origin and ceramics of Canosa of the highest quality, which are also found in contemporary occupation levels in the adjacent huts] (Bottini 1982, 159). Following, therefore, the route of the Ofanto [from the Apennines towards the Adriatic… already beginning in the 7th century Etruscan prestige objects in bronze such as basins (ad orlo perlinato) are distributed from Pontecagnano to Canosa and with one main concentration in the Melfese] (Tagliente 1984, 64).

Iniziano, di qui in avanti, ad affermarsi distinte identità culturali, ognuna delle quali è riconoscibile soprattutto in base ai ritrovamenti delle differenti tipologie di ceramiche a decorazione geometrica che sostituiscono la più omogenea produzione protostorica (Yntema 1990, capitolo 3.3).

Proprio la circolazione di queste ed altre tipologie ceramiche al di fuori delle aree di produzione, in assenza di fonti letterarie che possano chiarire le vicende di una fase così antica, è testimonianza inconfutabile degli incontri e degli scambi tra genti di cultura diversa.

Così è, per fornire un primo esempio, nel caso del centro di Ripacandida, situato nell'area "nord-lucana" del distretto del Melfese, tra la valle dell'Ofanto e quella del Bradano: il suo ruolo di "cerniera" tra diverse etnie è confermato dalle esplorazioni nell'abitato, dov'è è stato portato in luce e, quindi, esaminato il contenuto di due pozzi, colmati intorno alla metà del VII secolo, che hanno restituito ceramiche a decorazione geometrica di produzione locale (Tagliente 1999, 394), ma pure provenienti da officine delle confinanti aree, quella materana e quella daunia (Bottini 1986, 163).

"La collocazione geografica di Ripacandida, posta ai limiti fra alture sub-appenniniche 'enotrie' e fascia piano-collinare daunia è probabilmente alla base di una significativa presenza di vasi dauni, in assoluta prevalenza canosini, cui si affiancano spesso prodotti ceramici dell'interno della Basilicata" (Bottini 1986b, 480).

A Lavello troviamo forti riscontri che sottolineano il ruolo di punto avanzato di controllo sull'asse Ofanto–Sele che dal VII secolo il centro indigeno comincia a rivestire: testimonianza ne sono i corredi delle "tombe principesche", indici dell'affermarsi di ceti emergenti - fenomeno attestato dall'archeologia, oltre che nella Daunia, in modo ancor più evidente in Etruria-, rinvenute nel territorio lavellese, che includono fra i "beni di prestigio (…) il vasellame bronzeo di provenienza tirrenica e le ceramiche di Canosa, di elevatissima qualità, diffuse anche nei contemporanei livelli di frequentazione delle capanne adiacenti" (Bottini 1982, 159). Seguendo, dunque, l'itinerario ofantino "nella direzione dall'Appennino verso L'Adriatico (…) già a partire dal VII secolo si diffondono attraverso Pontecagnano fino a Canosa e con una certa concentrazione nel Melfese oggetti di prestigio etruschi in bronzo come i bacili ad orlo perlinato" (Tagliente 1984, 64).

Also in the case of Melfi the best information derives from the excavations at the necropoleis. The consequent analysis of the grave goods has supplied essential elements for the reconstruction of the social processes and for an understanding of production and exchange. In the 7th and 6th centuries Leonessa di Melfi was a case in point with typically Daunian influences including fragments of Daunian stele - limestone slabs (which may have been grave markers) with fine incised decoration and reliefs with anthropomorphic elements (Greco 1992, 118; Nava 1980; Ferri 1988; Tagliente 1989). From the middle of the 6th century BC the necropoleis of Pisciolo and Chiuchiari have revealed [vases richly decorated in sepia, yellow and red] typical of the Daunian region [while from the Etruscan world comes, in the first instance, those types of vases in bronze easily discovered in the necropoleis of southern Campania and other parts of the Etruscan periphery. From the Greek world came Ionian cups and a series of vessels of local imitation] (Adamesteanu 1977, 145).

Ionian cups, typical symbols of contact with the Greek centres of the coast, have also been recovered during excavations of the monumental tombs of the necropolis of Ruvo del Monte. Tombs 64 and 65, for example, contained valuable imports from the Greek colonial world which show similarities with the Etrusco-Campanian culture (Soprintendenza Basilicata 2004). In this sense, significant testimony is also available in the objects from tomb 29, which contained a shield of such a type that assumed [elements of hoplite armour from the Greek world] (Soprintendenza Basilicata 2004, 6).

The contacts and exchanges taking place in the region are also shown in local production in which Etruscan and Greek artistic elements are present. These elements are harmonised and elaborated upon by indigenous artisans. An example is the candelabra of Melfi, datable to the second half of the 6th century BC (Adamesteanu 1977, 145; for studies on the candelabro di Melfi see p.40). [To presuppose a local school in which Greek styles had penetrated means, on the other hand, that the zone of Melfi was already in the second half of the 6th century BC in contact with the Greek world] (Adamesteanu 1975, 22).

In the course of the second phase of the Early Iron Age as well as the period immediately afterwards, the Melfese quite undoubtedly became a crossroads for the various cultures in the larger region, assimilating and to some extent reinterpreting cultural influences from sources all over Southern Italy. In the centuries that followed there is evidence for substantial changes and modifications in local material culture. In the case

Anche nel caso di Melfi i migliori confronti derivano dagli scavi di necropoli e dalla conseguente analisi dei corredi tombali, che ci forniscono elementi essenziali per la ricostruzione delle articolazioni sociali, dei processi di produzione e di scambi: nel VII e nel VI secolo a Leonessa di Melfi era diffusa la pratica, tipicamente daunia, di predisporre le stele – lastre calcaree decorate finemente a rilievo inciso con terminazioni antropomorfe- probabilmente come segnacoli tombali (Greco 1992, 118; Nava 1980; Ferri 1988; Tagliente 1989); dalla metà del VI secolo le necropoli di Pisciolo e Chiuchiari restituiscono "vasi riccamente decorati in color seppia, giallo e rosso" tipici del mondo daunio "mentre dal mondo etrusco provengono, in primo luogo, quei tipi di vasi in bronzo facilmente riscontrabili nelle necropoli della Campania meridionale e di tutto il mondo periferico etrusco. Dal mondo greco vi penetrano le coppe ioniche mischiate a una numerosa serie di vasi di imitazione locale" (Adamesteanu 1977, 145).

Le coppe ioniche, tipici simboli dei contatti con i centri greci della costa, vengono rinvenute anche durante gli scavi delle tombe monumentali della necropoli di Ruvo del Monte: le t. 64 e 65, ad esempio, hanno restituito oggetti preziosi di importazione sia dal mondo greco coloniale che dal vicino mondo etrusco-campano (Soprintendenza Basilicata 2004); significativa testimonianza in tal senso è stata anche il ritrovamento nella t. 29 di uno scudo assimilabile per tipologia a quegli "elementi di armatura oplitica assunti dal mondo greco" (Soprintendenza Basilicata 2004, 6).

I contatti e gli scambi danno luogo anche a produzioni locali in cui si mescolano correnti artistiche etrusche e greche, armonicamente rielaborate da maestri indigeni: esempio emblematico ne è il candelabro di Melfi, databile nella seconda metà del VI secolo a.C. (Adamesteanu 1977, 145; per studi sul candelabro di Melfi cfr. p.40).

"Presupporre una scuola locale in cui penetrino le esperienze greche significa, d'altra parte, che la zona di Melfi, già nella seconda metà del VI secolo a.C. , fosse in contatto con il mondo greco" (Adamesteanu 1975, 22).

Nel corso della seconda fase dell'età del ferro, e della fase finale della stessa età, il Melfese si configura senza alcun dubbio come punto di incontro di diverse civiltà che vengono recepite, assimilate e in alcuni casi reinterpretate.

I secoli susseguenti mostrano già sostanziali modificazioni: nel caso di Ripacandida nulla di ciò che è

of Ripacandida, nothing exceeds the changes which occurred at the beginning of the 4th century BC. From this period and continuing for some decades into the 4th century we see evidence for abandonment of settlements. This occurs also at some other sites in the territory of Melfi, such as, for example, Pisciolo. While some continuity is visible in the area, in sites such as Lavello and Ruvo del Monte, there is a general reorganisation of settlement in the region in consequence of the arrival of the Lucanians.

In the Melfese [the 5th century proves to be a period lacking in evidence for continuity compared to what came before] (Pugliese Caratelli 1996; Bottini 1989, 260). The reason for this we presume to be related to the influx of the Lucanians, but we shall look further into this in the coming chapters, where we shall deal with the evidence for each subdivision of the Melfese and the various sites that have been discovered in each of the three areas of Lavello, Melfi and Ripacandida.

stato esaminato oltrepassa gli inizi del IV sec. a.C.; nel corso di questo secolo il fenomeno di abbandono interessa anche alcuni siti in territorio di Melfi, come ad esempio il Pisciolo, mentre una maggiore continuità di utilizzo degli insediamenti si riscontra in altri siti di questo territorio e in quello di Lavello e Ruvo del Monte –il cui abitato verrà riorganizzato proprio agli inizi del IV secolo, in conseguenza dell'arrivo dei Lucani.

Nel Melfese "il V secolo si manifesta come un periodo privo di soluzioni di continuità rispetto al precedente" (Pugliese Caratelli 1996; Bottini 1989, 260), ragion per cui valutiamo di presentare singolarmente i diversi siti indagati dei tre territori di cui verrà approfondita l'analisi nei relativi spazi riservati nel capitolo successivo.

## 1.3.2 Archaeological sites in the territories of Melfi, Lavello and Ripacandida.

It would be opportune at this point to clarify the rational behind the selection of the region of the Melfese for this study, as well as the division of the three territories within the Melfese for close analysis and the production of the bibliography.

Archaeological research in the Melfese in the last decade has been concentrated almost exclusively upon the three centres of Lavello, Melfi and Ripacandida. Although other sites have been investigated in the Vulture-Melfese, these investigations have been scarce and often insufficiently followed up. Even those that have provided some interesting evidence have not been published. This is not entirely surprising, given the need by the Italian Superintendency for Archaeology to prioritise the relative importance of projects in each area – and the subsequent interruptions in the progress of some excavations for long periods.[3] It would be premature to include such sites in this study, which concentrates upon published sites that have undergone proper and thorough analysis.

Having, moreover, already emphasized the difficulties of research in the collection of bibliographical data, and keeping in mind the size of the territories concerned as well as the huge amount of data to analyse regarding the sites in these territories, it is most logical to restrict ourselves to that area where the archaeological evidence is best. Given the variety of the evidence for settlement, and the variability in material culture in the region, it has been decided to concentrate upon that evidence that gives an organic and complete view of the Vulture-Melfese zone. Thus we have chosen the three sites of Melfi, Lavello and Ripacandida.

## 1.3.2 I siti archeologici compresi nei territori di Melfi, Lavello e Ripacandida.

Riteniamo opportuno, a questo punto, soffermarci per chiarire le ragioni che ci hanno portato a selezionare, all'interno del panorama archeologico del Melfese, i tre territori di cui proseguiamo l'analisi, approfondendola e fornendo successivamente per ognuno la bibliografia delle pubblicazioni specifiche, ai fini già esposti.

Le ricerche archeologiche, nell'ultimo decennio, sono state incentrate in aree di altri comuni del Vulture-Melfese, precedentemente scarsamente indagate, riguardo alle quali, però, per quanto abbiano fornito interessanti riscontri, poco o niente è stato scritto o pubblicato; dato che non ci stupisce, considerando che l'esiguità dei fondi a disposizione molto spesso obbliga l'interruzione dei lavori anche per lunghi periodi.[4]
Per questa ragione abbiamo ritenuto prematuro inserirle in un lavoro che si propone di avvalersi del maggior numero possibile di pubblicazione da cui trarre un'analisi approfondita.

Avendo, inoltre, già sottolineato le difficoltà incontrate nella prima fase della ricerca, quella della raccolta dei dati bibliografici, e tenuto conto della vastità dei territori e della mole dei dati relativi ai siti indagati, è stato ritenuto conveniente selezionare, tra i territori comunali dove le evidenze archeologiche sono state meglio esaminate, quelli che, data la varietà delle tipologie dei siti, avrebbero potuto fornire maggiori elementi per dare una visione d'insieme organica.

---

[3] A case in point is the Roman Villa (Torre degli Embrici) discovered in the territory of Rionero in Vulture, about 10 km from Melfi. The excavation of the site of Torre degli Embrici, while discovered some 20 years ago and initially investigated in 2004, had been suspended, even though of considerable interest for the history of the region. Fortunately it has now become an external project and work has begun again by a team of foreign Universities under the direction of Dr. R. Fletcher.

---

[4] Si prenda in considerazione come esempio la Villa Romana messa in luce a Rionero in Vulture, comune a 10 km da Melfi, in località Torre degli Embrici, il cui scavo, che pure ha messo in evidenza ambienti significativi, ha dovuto essere interrotto per circa tre anni e potrà forse essere ripreso solo grazie al sostegno di finanziatori esterni ed alla tenacia dell'archeologo che ne ha diretto i lavori, dott. R. Fletcher.

The site of Melfi was the [indigenous centre of the highest importance for understanding the life of those living in the heart of inland Italy... a unique example in Lucania brought to the attention of archaeologists in a relatively short time] (Adamesteanu 1975, 21). Thanks largely to the discovery of the archaic necropoleis at Chiucchiari, Leonessa and Pisciolo and to the subsequent excellent study of the finds, it has been possible to reach an understanding of the contacts this region enjoyed with parts of Magna Graecia, with the Etruscan-inhabited parts of Campania and with central Italy. It has also been possible to identify and to some extent characterise [a local production in which there was a possibility of indigenous people imitated more advanced models] (Adamesteanu 1974, 44).

Lavello, the territory that has seen the majority of archaeological work in the Melfese, played a role from as early as the 8th century BC as an important centre in the territorial organization of the westernmost district of Daunia. It is frequently described, moreover, as a [citizen of Apulia] and removed from associations with the mountains of Lucania. It developed [nuclei made up of scattered huts and tombs, according to a model of common Apulian settlements] with princely tombs that attest to the presence of elite groups within the community from at least the 7th century BC (Soprintendenza Basilicata, 2004).

In the district of Ripacandida relatively little has been published. The area seems to have been a border zone between the Daunian and Northern Lucanian cultures and exhibits strong Daunian cultural influences as well as those from the Potenza area. This later culture, known as *Peuketiàntes* (Hecataeus fr. 57) seems to have manifested a particular type of ceramic production from the end of the 7th century BC onwards, and Ripacandida became a major centre of production. This was a style of matt-painted geometric ware that has come to be known as "Northern Lucanian" (Tagliente 1999, 394).

Di qui la scelta: Melfi, in quanto "centro indigeno che riveste la massima importanza per la conoscenza della vita degli abitati interni (...) caso unico nella vita della Lucania, impostosi all'attenzione degli archeologi in poco tempo" (Adamesteanu 1975, 21); infatti soprattutto grazie alle esplorazioni delle necropoli arcaiche delle contrade di Chiucchiari, Leonessa e Pisciolo e al conseguente studio accurato dei ricchi corredi, è stato possibile constatare quanto fossero già frequenti i contatti con le aree culturali della Magna Grecia, del mondo etrusco-campano e dell'Italia centrale, ma anche individuare "una produzione locale in cui si rispecchia la possibilità degli indigeni di imitare modelli superiori" (Adamesteanu 1974, 44).

Lavello, uno dei territori maggiormente indagati, che già a partire dal VIII sec. a.C. svolse un ruolo centrale nell'organizzazione territoriale del terzo distretto della Daunia, tanto da essere frequentemente menzionata come "cittadina dell'Apulia", sviluppandosi "per nuclei sparsi di capanne e di sepolture, secondo un modello comune agli insediamenti apuli", le cui tombe principesche attestano la presenza di gruppi elitari all'interno della comunità sin dal secolo successivo. (Soprintendenza Basilicata, 2004).

Ripacandida, di cui relativamente poco è stato scritto ma che, pure compresa nel distretto del Melfese, è posta a confine fra diverse realtà, legata sia alla cultura del distretto daunio che a quella dell'area potentina, dove dalla tradizione venivano anticamente collocati i *Peuketiàntes* (Hecataeus fr. 57), e che fu, a partire dalla fine del VII secolo, uno dei principali centri di produzione delle serie ceramiche a decorazione geometrica, le cosiddette "nord- lucane" (Tagliente 1999, 394).

## *The Archaeological Material*

### 2.1 Lavello

The zone with which we will commence will be the territory of Lavello. This zone allows us the best reconstruction of the history of a limited area since it has seen the most intense archaeological activity. The number of excavations and publications from Lavello is unquestionably much greater than either of the other two areas of Melfi and Ripacandida. In order to summarise most effectively the large number of studies from both excavations and artefact analysis, we will concentrate upon the most significant publications of the artefacts. The bibliography will enable the reader to conduct more thorough research in particular cases. General historical and epigraphical studies as well as some synthetic studies are available (e.g. Bottini-Ciriello 1990).

## *Storia dei ritrovamenti*

### 2.1 Lavello

Il primo territorio di cui ci proponiamo di ricostruire la storia della vicende archeologiche è quello di Lavello poiché, essendo quello maggiormente indagato nel corso di anni di ricerche, il numero di pubblicazioni reperite è indiscutibilmente superiore a quello degli altri due territori, ovvero di Melfi e Ripacandida.

Per fornire un omogeneo e coerente excursus delle attività di scavo svolte e delle evidenze riportate in luce ed analizzate, ci avvarremo delle più significative pubblicazioni reperite; chiaramente nella sezione dedicata alla bibliografia saranno contemplati pure gli studi e gli approfondimenti degli archeologi che hanno lavorato sul campo e le pubblicazioni che, pur se non reperite, hanno mostrato la loro importanza attraverso numerose citazioni all'interno di studi ed approfondimenti (e.g. Bottini-Ciriello 1990).

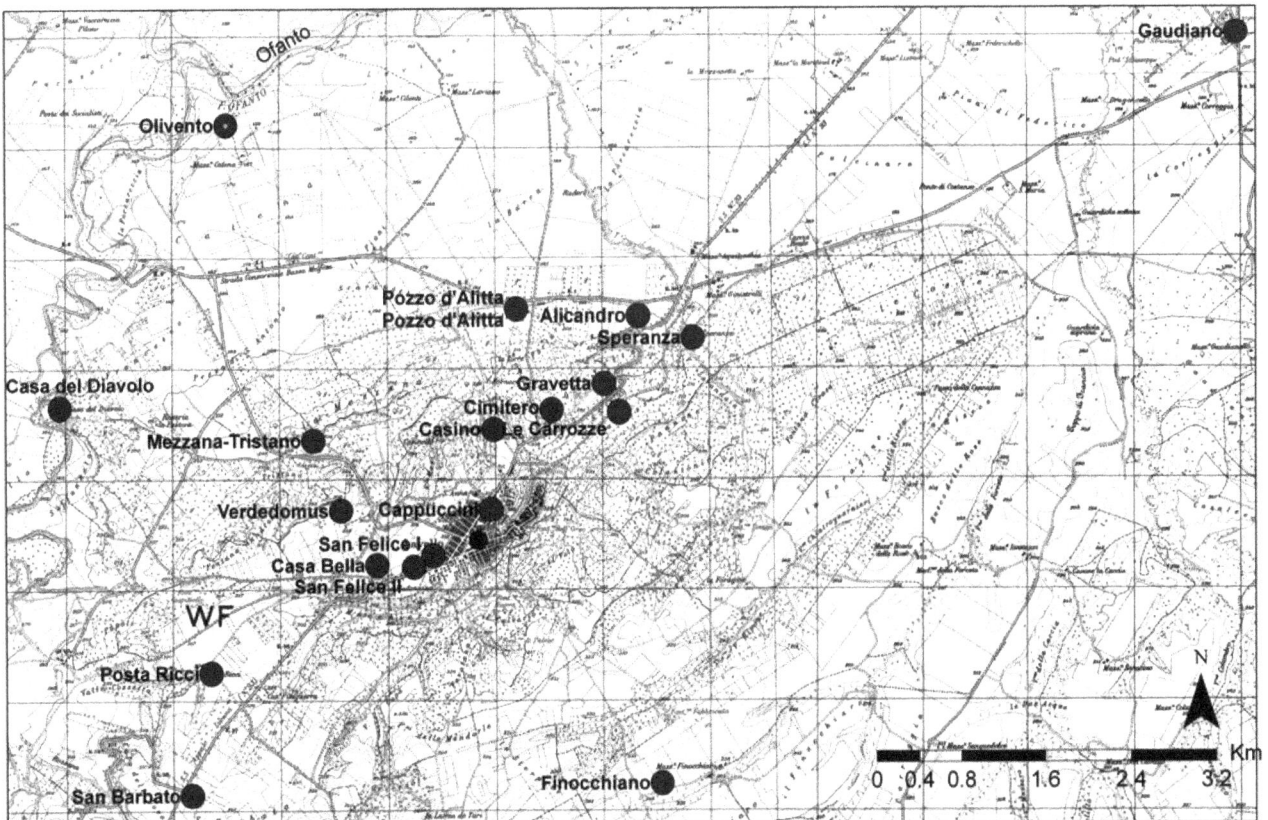

Fig. 5: Archaeological sites in the Lavello area

The modern town of Lavello lies on a terrace or small plateau that rises to the south and east from the Ofanto valley and extends along ridges, that protrude to the north and east from the high ground and contain much of the archaeological material that has been thus far discovered (fig. 5).

[Consistent signs of human presence in the territory of Lavello over the millennia show evidence of unmistakable Apulian characteristics from material, sites and settlements from the Neolithic through to the Middle Ages....In the whole area to the [east] of the Ofanto certain elements in the possession of the Archaeological Soprintendenza of Basilicata indicate a small number of scattered habitations during the early part of the Iron Age, from which we have come to know the site of Lavello located along a projecting hilly terrace in Apulia] (Di Chicco 1994b, 9).

The first discovery of ancient material in the territory of Lavello was conveyed in 1889 by Dr. M. Lacava, a scholar and a prominent Lucanian man of letters in his time, to the Reale Accademia dei Lincei. The article was part of some communications from Region II, Apulia and [was in fact the same Lavello, unknown with certainty to have belonged to Daunia, to Apulia or to Lucania] (Montano 2000, n.1). It reported an [Ancient well-burial found near the town, where a great amount of accumulated broken vases of different forms and sizes were recovered....The olla shape with one handle predominates; some vases, recovered in fragments, show the same olla shape, but with two handles; another, also in fragments, was deep and full-bellied with a handle that raised above the rim. They seem to be of local production and the clay is yellowish white with some greenish colour; the clay is that found in the vicinity of Lavello] (Lacava 1889, 137-138).

In the same article Dr. Lacava emphasized, for some of the recovered material, strong analogies with Melfi: [similar vases have been discovered at Melfi, which are believed to be imitations of the pottery of Cyprus, the commerce from the ancient orient before the spread of Greek painted pottery] (Lacava 1889, 138; Barnabei 1882 381 in par. 3.2, n. 138). It was also pointed out, based upon the examination of bone fragments that turned out to be human, that the material all seemed to come from ancient tombs which were found in the area during the course of road construction. In the course of these road works numerous tombs were found, ellipsoid in shape, with the dead in a curled-up position and with grave goods made up of [small vases, weapons and fibulae of copper] (*sic*).

Lavello sorge su di un ampio terrazzo collinare aperto ed il suo territorio si estende anche lungo i bracci che si diramano dalla sua sommità (fig. 5).

"I segni consistenti della plurimillenaria presenza antropica sul territorio di Lavello hanno potuto evidenziare inconfondibili caratteristiche apule, attraverso ritrovamenti di siti ed insediamenti che vanno dal Neolitico al Medioevo (...) In tutta l'area destra del medio Ofanto, elementi certi in possesso della Soprintendenza archeologica della Basilicata indicano un numero piuttosto esiguo di abitati sorti durante la prima età del Ferro, tra cui risulta ben conosciuto quello di Lavello, ubicato su una lunga terrazza collinare protesa sull'Apulia" (Di Chicco 1994b, 9).

La prima notizia su un ritrovamento antico nel territorio Lavellese venne comunicata nel 1889 dal dott. M. Lacava, studioso e letterato lucano dell'epoca, alla Reale Accademia dei Lincei: il suo articolo venne compreso nelle comunicazioni della Regione II, L'Apulia (Montano 2000, n.1), e riferiva di un "Antico pozzo sepolcrale trovato nei pressi del paese" dove, in profondità "si rinvenne gran quantità di vasi rotti, accumulati (...) di forma e dimensioni diverse. Predominano le olle ad un solo manico; qualche vaso, raccolto in frantumi, avea la stessa forma di olla, ma a due manichi; altro, pure in frantumi, era panciuto e molto basso, con manico nella parte superiore del collo. Sembrano di fabbrica locale, e la creta è bianca giallastra, ed anche verdognola; qualità di argilla che trovasi nelle vicinanze di Lavello" (Lacava 1889, 137-138).

Nello stesso contributo il dott. Lacava sottolineava, per alcuni di questi reperti rinvenuti, forti analogie con "i vasi simili scoperti a Melfi, e che furono credute imitazioni delle stoviglie di Cipro dell'antico commercio orientale, prima della diffusione dei vasi greci dipinti" (Lacava 1889, 138; Barnabei 1882 381 in par. 3.2, n. 138). Si ritenne inoltre, in base all'esame compiuto su pezzetti di ossa, rinvenute assieme ai frammenti fittili, che risultarono essere umane, che la grotta fosse un'antica sepoltura, avendo tenuto in conto pure che nella stessa area, nel corso di lavori atti alla sistemazione delle strade, emersero numerose sepolture di forma ellissoidale, coi defunti in posizione rannicchiata e corredi composti da "vasettini fittili, armille e fibule di rame".

In two successive publications which dealt with the same material, Dr. Lacava dated the Lavello finds [to a period overlapping the Bronze and Iron Ages] (Lacava 1889b, 54; Lacava 1891). In these more detailed descriptions he also described an area [not far from the cemetery] with various fragments of terracotta, vases, and roof tiles, [certainly indicating the existence there of an ancient site...and a citizen of Lavello said that this area was called `Alicandro'] (Lacava 1889b, 55). Mention was also made of a site still unexplored close to the Madonna delle Speranze.

Mention has been made of one other publication (Cipolloni Sampò 1980, 300 n. 1) from the beginning of the 19th century which dealt with finds from the Neolithic at the site of Gaudiano di Lavello (Dall'Osso 1915; cfr. Carretta 1992; Cipolloni Sampò 1999c).

In 1929 two new publications stressed the importance of the recovery of what has been described as a precious heirloom, the askos "Catarinella." The first of these studies was by Dr. E. Galli and the other by Professor S. Ferri, the archaeologist who discovered the artefact (Galli 1929; Ferri 1929; for more recent studies on the askos "Catarinella": Soprintendenza Basilicata 1985, 33; Di Chicco 1986, 9-10; Bottini-Tagliente 1986, 74-76; Tagliente 1990b).

Again in the Reale Accademia dei Lincei, a publication appeared in 1950 by C. Valente. This announced the discovery of a fragmentary Apulian skyphos [with white floral and vegetal decoration of the Gnathia type] (Valente 1950, 107).

Ten years before the Superintendency for Archaeology began systematic exploration of the Lavello area and before excavations under such supervision began, Di Chicco wrote in his [the certainty that very ancient settlements of people were in the territory of Lavello – on the eastern angle of the confluence of the Ofanto and Olivento rivers – is also confirmed from other unquestionably valid historical sources...such as the Archaic and Greco-Roman ceramic finds that De Lorenzo showed in `Venosa e la regione del Vulture', Latin inscriptions from the Imperial period...and fragments of weapons and arms and other objects still being found to the south of Alicandro, Gravetta, Malemorsiello and Tristano; and finally, the significant Roman Baths site near Olivento] (Di Chicco 1954, 6; Di Chicco 1986; Di Chicco 1996).

One of the first acts of the Superintendency for Archaeology in Basilicata after its establishment under the supervision of Prof. D. Adamesteanu was to initiate excavations at Lavello, bringing to light in 1967 [other burials and buildings] (Adamesteanu 1967b, 45; Adamesteanu 1965).

In due successive pubblicazioni in cui trattava dello stesso ritrovamento, il dott. Lacava datò il pozzo "all'età promiscua tra il bronzo ed il ferro" (Lacava 1889b, 54; Lacava 1891). In queste più dettagliate descrizioni si soffermò inoltre sul rinvenimento in un'area "non molto discosta dal cimitero", di diversi frammenti di terrecotte, vasi, tegole mattoni, "segni certi e sicuri dell'esistenza quivi di un pago antico (...) e una persona Civile di Lavello disse chiamarsi questa località 'Alicandro'" (Lacava 1889b, 55). Vennero infine qui menzionate delle fosse, che diceva ancora inesplorate, site vicino alla Madonna delle Speranze.

Sappiamo di un'altra pubblicazione (Cipolloni Sampò 1980, 300 n. 1),degli inizi del secolo scorso, nella quale si trattava di ritrovamenti che attestano una frequentazione neolitica nel sito di Gaudiano di Lavello ((Dall'Osso 1915; cfr. Carretta 1992; Cipolloni Sampò 1999c).

Nel 1929 ben due pubblicazioni menzionavano l'importanza del rinvenimento di un prezioso "cimelio fittile", l'askos "Catarinella": la prima era uno studio del dott. E. Galli, la seconda era del prof. S. Ferri, archeologo che né scoprì l'esistenza (Galli 1929; Ferri 1929; for more recent studies on the askos "Catarinella": Soprintendenza Basilicata 1985, 33; Di Chicco 1986, 9-10; Bottini-Tagliente 1986, 74-76; Tagliente 1990b).

Sempre alla Reale Accademia dei Lincei venne comunicato da C. Valente, nel 1950, il ritrovamento di uno skyphos apulo "con decorazione bianca di natura fitomorfa del tipo Gnathia" frammentario (Valente 1950, 107).

Anche il Di Chicco, dieci anni prima che avesse inizio un'attività di scavo regolamentata dalla supervisione della Soprintendenza, nella sua "Storia di Lavello dagli albori preromani alla formazione medievale", ci confermava che "la certezza che antichissimi stanziamenti di popoli fossero nel territorio di Lavello, angolo orientale della confluenza Olivento-Ofanto, scaturisce pure da altre prove di indubbia validità storica (...), come i ritrovamenti di ceramiche arcaiche e greco-romane che il De Lorenzo illustra in 'Venosa e la regione del Vulture'; iscrizioni latine dell'epoca imperiale (...) e frammenti di armi e anticaglie varie, ancora reperibili nelle località settentrionali di Alicandro, Gravetta, Malemorsiello e Tristano; infine i significativi ruderi di una terma romana presso l'Olivento" (Di Chicco 1954, 6; Di Chicco 1986; Di Chicco 1996).

La prima attestazione reperita inerente ad attività di rinvenimenti e scavi condotti dopo l'Istituzione della Soprintendenza della Basilicata, è una nota dell'allora Soprintendente dott. D. Adamesteanu, in cui egli riferì della messa in luce di "altre sepolture e nuovi resti di capanne" nell'anno 1967 (Adamesteanu 1967b, 45; Adamesteanu 1965).

These were of considerable interest because they showed evidence of re-use over a period of centuries, and the tombs often contained rich objects such as bronze vessels and imported ceramics (Moscato 1970; Adamesteanu 1971).

Adamesteanu pointed out that the settlement at Lavello showed what was termed a "primitive" structure being composed of [small concentrations of dwellings that formed themselves into an actual settlement on the eastern side of the city at about the end of the 8$^{th}$ or beginning of the 7$^{th}$ century BC] (Adamesteanu 1971, 129; Tocco 1976) occupying the area of Gravetta.

The considerable activity of the Superintendency in terms of excavation continued into the early 1970s. In particular, the zone of the modern cemetery saw extensive excavations where numerous tombs were discovered which were [chamber tombs with a long dromos with pavements of river pebbles, similar to those of Arpi] (Adamesteanu 1971b, 472).

In 1973, in the zone of Lavello called San Felice, Dr. G. Tocco discovered an important site during the course of construction of the town sporting stadium. This site incorporates [a part of an immense Daunian/Apulian necropolis that extends under the modern town. It consists of rectangular or circular fossa tombs covered by stone slabs] (Tocco 1974, 468; Tocco 1976). In the course of these excavations a large number of burials were found, most of which were double or multiple internments – which made it difficult to establish a firm chronology. Among these was [a single example of a chamber tomb, dug in the white rock with a steep dromos]. The material from the tomb, called tomb 106, consisted of objects datable from the second half of the 7$^{th}$ century BC through to the second half of the 4$^{th}$ century BC and these dates were fixed as the extreme chronological limits of the necropolis (Tocco 1974; later changed to the middle of the 7$^{th}$ century to the middle of the 4$^{th}$ century BC, Tocco 1975, 285).

From the same place came evidence of housing, which Dr. Tocco defined as [the first find of its sort in the Daunian zone of Basilicata, where up until now the presence of rich necropoleis supposed the absence of settlements (in the same position)] (Tocco 1974, 470).

A part of this housing or settlement has been dated with a fair degree of certainty to the final phase of the necropolis, [but evidence from a test trench suggests that the settlement may date back from the mid part of the Iron Age] (Tocco 1974, 470). [The quite intensive use of the San Felice necropolis probably corresponds with a parallel use of the area for settlement, where the housing continued in use without interruption] (Tocco 1976, 19).

Interessante sottolineare a riguardo come le tombe mostrassero di essere state riutilizzate in diversi secoli, restituendo corredi sempre ricchi di vasi bronzei, ceramiche locali e di importazione (Moscato 1970; Adamesteanu 1971).

Della primitiva struttura del centro abitato antico di Lavello, ci informava sempre Adamesteanu, evidenziando la composizione di "piccoli agglomerati che cominciano a radunarsi in un vero e proprio abitato, nel lato orientale del paese, verso la fine dell'VIII e l'inizio del VII sec a.C." occupando l'area di Gravetta (Adamesteanu 1971, 129; Tocco 1976).

L'attività di scavo regolare proseguì nei primi anni settanta, e nel territorio qui esaminato vennero scavate, nella zona del moderno cimitero, alcune tombe di tipo "a camera, con lungo *dromos* su cui sorge una pavimentazione in ciottolini di fiume, simili ai tipi di Arpi" (Adamesteanu 1971b, 472).

Nel 1973, in località San Felice, fu la dott.sa G. Tocco, durante uno scavo di pronto intervento approntato a causa dalla costruzione del campo sportivo, a rinvenire e scavare "una parte della vastissima necropoli daunia e apula che si estende sotto l'abitato moderno. Si tratta di tombe a fossa rettangolare o circolare con copertura di lastroni" (Tocco 1974, 468; Tocco 1976).

Nel corso di questo scavo venne rinvenuto, tra le sepolture, nella grande maggioranza a deposizione doppia o plurima –ragione per cui risultò arduo stabilire una cronologia tra queste- "un solo esemplare di tomba a camera scavata nel banco roccioso con ripidissimo *dromos* di accesso". Essendo il corredo più antico, quello della tomba n. 106, riferibile alla seconda metà del VII sec. a.C. e quelli più recenti alla seconda metà del IV sec. a.C. , questi furono fissati come limiti estremi della necropoli (Tocco 1974; si sottolinea come in un intervento dell'anno successivo la dott.sa Tocco sposti la datazione più bassa dalla metà del VII alla metà del VI sec. a.C.: Tocco 1975, 285).

Nello stesso contesto vennero evidenziati pure i resti di un abitato, che la dott.sa Tocco definì "il primo ritrovamento del genere nell'area daunia della Basilicata, dove alla presenza di ricche necropoli si è finora contrapposta l'assenza di insediamenti" (Tocco 1974, 470).

Parte dell'insediamento venne datato con certezza ad una fase contemporanea all'ultima della necropoli, "ma i dati forniti da un saggio in profondità documentano la presenza di un insediamento almeno a partire dalla media età del ferro" (Tocco 1974, 470). "L'uso intensivo della necropoli di S. Felice corrisponde probabilmente a un analogo uso del territorio destinato alle abitazioni, dove gli insediamenti si sovrappongono senza soluzione di continuità" (Tocco 1976, 19).

The exploration of this area continued the next year, still under the direction of Dr. Tocco. The area under excavation was enlarged and brought to light a complex of rooms and building, which supplied Dr. Tocco with the ample evidence for analysis that appears in her writing (Tocco 1975, 286-287). Further excavation at the site brought forth the hypothesis that the "grande ambiente" found during the 1974 campaign may have been part of a temple (Tocco 1976, 18).

In 1977 the findings from San Felice were underscored by Dr. Bottini's research in the territory of Lavello at the site of Le Carrozze. At this site he discovered [a necropolis characterised by chamber tombs from the late 4th century BC], which also showed considerable evidence of housing dating to the second half of the 4th century BC. During excavations this housing was found to have been positioned above previous dwellings from an earlier period (Bottini 1978, 433; Bottini 1978b).

[The preparation of the ground for the last phase of construction has destroyed all traces of the structures from the 7th and 6th centuries BC, which are known only from minute fragments of pottery, the levels of which have sealed underneath them the remains of a dwelling from the Early Iron Age] (Bottini 1978b, 15). A test trench to a greater depth even found levels as far back as the Middle Bronze Age (Bottini 1980, 315).

According to Bottini this discovery assumes a particular importance from the point of view of the analysis of the organizational structure of the indigenous people in this area. So much so that it [seems to confirm the persistence right up to the Roman period of a village system – vicanico - characterized by settlements scattered over the whole territory with concentrations of small nuclei of dwellings in places of greater importance, which never actually developed into urban centres] (Bottini 1978, 434).

This evidence was supported by the analysis of finds such as those dwellings [similar to others in the Melfese area which had their end at the transition from the 4th to the 3rd century BC concomitant with the Romanisation of the entire area shown in the establishment of the colony of *Venusia* (291 BC), a centre destined to assume a hegemonic role in this territory] (Bottini 1978c, 550).

In quest'area la ricerca proseguì l'anno successivo, sempre sotto la direzione della dott.sa Tocco; ampliando il saggio dell'anno precedente venne potato alla luce e scavato un complesso di ambienti, tra i quali di uno l'archeologa approfondì l'analisi nella sua pubblicazione (Tocco 1975, 286-287). Ulteriori approfondimenti portarono ad ipotizzare che il "grande ambiente" venuto alla luce durante gli scavi del 1974 potesse essere un tempio (Tocco 1976, 18).

Nel 1977 il dott. Bottini sottolineava tra gli scavi effettuati, in un suo resoconto, le ricerche in territorio di Lavello, località Le Carrozze: anche in quest'area, dove era già stata individuata "una necropoli caratterizzata da tombe a camera di avanzato IV sec. a.C.", di cui si intendeva definire l'estensione, furono evidenziate tracce di un abitato, che venne datato alla seconda metà del IV sec.; durante lo scavo questo insediamento si rilevò essere impostato su resti di altri di precedenti epoche (Bottini 1978, 433; Bottini 1978b).

"Le opere di sistemazione del suolo al momento dell'ultimo rifacimento hanno distrutto tutte le strutture di una fase di VII/VI sec. a.C., documentabile solo attraverso minuti frammenti ceramici, sigillando invece, sotto i battuti, i resti di un abitato della prima età del Ferro" (Bottini 1978b, 15).

Un saggio effettuato ad una maggiore profondità fece raggiungere persin livelli del Bronzo Medio (Bottini 1980, 315).

Secondo il dott. Bottini questa scoperta assunse un'importanza particolare dal punto di vista dell'analisi delle strutture organizzative delle genti indigene ivi stanziate, in quanto "sembra confermare il perdurare fino alla romanizzazione del sistema vicanico, caratterizzato da insediamenti sparsi per tutto il territorio, con una concentrazione di piccoli nuclei abitati nei luoghi di maggiore importanza, mai sfociata nella nascita di un centro di tipo urbano" (Bottini 1978, 434).

Venne inoltre evidenziato grazie all'analisi dei dati archeologici come l'abitato "al pari di altri dell'area melfese, trova la sua fine con il passaggio dal IV al III sec. a.C., in concomitanza con la romanizzazione dell'intera zona, evidenziata soprattutto dalla deduzione coloniale di *Venusia* (291 a.C.), centro destinato ad assumere un ruolo egemone su tutto il territorio circostante" (Bottini 1978c, 550).

Research continued in the area in 1979 and 1980 under the guidance of Bottini at the site of contrada Casino, an immense area along the northern margin of the Lavello terrace. Bottini confirmed many of the hypotheses derived from previous research that dated from the 7th to 4th centuries, and showed evidence of [the presence of numerous nuclei of necropoleis distributed along the summit of the hill, with intervals of empty space between them, and showing a system of settlement based on discontinuous nuclei, small centres or villages independent of each other, but concentrated at topographically significant positions] (Bottini 1980b, 420).

The evidence from the dwellings in this part of Lavello allowed Adamesteanu to conclude a central importance for this area, already mentioned above. This evidence is clear by at least as early as the 8th century BC, with finds in good condition throughout the Melfese and particularly conspicuous in the case of pottery: [the fundamental presence of a quantity of geometric monochrome pottery of Iapygian style indicates a certain cultural diversity between Lavello and the rest of Daunia during the Early Iron Age] (Bottini 1981b, 480).

Equally importantly, one may infer from an examination of the composition of the grave goods in the tombs thus far discovered that right from the beginning of these settlements in Daunia various "social classes" existed, since in many of these tombs objects of particular value and rarities were found (Bottini 1980c; for a more in-depth analysis see Bottini 1981; Ciriello 1981). Of particular importance is a very large tomb "a fossa" – placed beside another almost completely destroyed, probably of a female – whose rich grave goods included a large number of offensive weapons, a bundle of six iron spits, subgeometric vases of Daunian Type I, as well as other monochrome and biochrome pottery typical of the emporium style of Canosa, the same said to be "of Ruvo" and eight vases of bronze. There was even a *kylix* probably of Greek colonial manufacture of the type called "a filetti" (Tomb 279, cf. Soprintendenza Basilicata 1985, 20).

This evidence strongly suggests that a military role – or at least the possession of weaponry – and social eminence were linked. This is accompanied by a variety of ceramic evidence that seems to indicate [the presence of an extremely narrow nucleus holding wealth and social prestige which was expressed by military rank] (Bottini 1981b, 481).

La ricerca proseguì negli anni 1979 e 1980, sotto la guida del dott. Bottini, in contrada Casino, vasta area lungo i margini settentrionali della collina lavellese; l'archeologo confermò, per tutto l'arco di vita documentato (VII-IV sec. a.C.) "la presenza di numerosi nuclei di necropoli distribuiti su tutta la superficie sommatale delle colline, intervallati a brevi spazi vuoti, indice di un sistema di popolamento basato su nuclei abitativi discontinui, borgate autonome fra loro, ma concentrate in località topograficamente significative" (Bottini 1980b, 420).

Fra i resti delle capanne veniva evidenziato il ritrovamento della n. 13, la più antica nonché la prima di VIII sec. che si rinvenne in buone condizioni di conservazione in tutto il distretto del Melfese, per le dimensioni particolarmente cospicue e soprattutto per "la presenza sul fondo di una rilevante quantità di ceramica geometrica monocroma di tipo 'japigio' che indiziano una certa diversità culturale tra Lavello e il resto della Daunia nel corso della prima età del ferro" (Bottini 1981b, 480).

Dall'esame della composizione dei corredi delle sepolture si evinse come, già dall'epoca più antica dell'insediarsi di queste comunità dell'area daunia, esistessero diverse "classi sociali", poiché in alcuni erano compresi anche singoli oggetti di particolare valore o rarità (Bottini 1980c; for a more in-depth analysis see Bottini 1981; Ciriello 1981).

In particolar modo rilevante fu il rinvenimento in questo contesto di una tomba a fossa di grandi dimensioni - affiancata ad un'altra quasi del tutto distrutta, probabilmente femminile- il cui ricco corredo comprendeva un gran numero di armi offensive, un fascio di sei spiedi in ferro, vasi di tipo subgeometrico "daunio I", altri monocromi e bicromi dello stile tipico dell'emporin canosino, detto "di Ruvo" e ancora otto vasi di bronzo; si ricordava inoltre una *kylix* coloniale di tipo protocorinzio "a filetti" (Tomb 279, cf. Soprintendenza Basilicata 1985, 20).

Il ruolo militare, dunque, appariva fortemente evidenziato, ed era accompagnato da una varietà di tipologie ceramiche tale che sembrava indicare "la presenza di un nucleo estremamente ristretto detentore della ricchezza e del prestigio sociale, espresso dal rango militare" (Bottini 1981b, 481).

This is also of interest insofar as it relates to the presence of prestige objects. Such material, of Tyrrhenian, Canosian and Greek origin, found in the tombs of an "emergent" elite in the indigenous Italian hinterland, is tangible proof of exchange between rank groups – the prerogative of groups at the apex of society and an effective means of distinguishing such groups within the community (Pontrandolfo Greco 1982, 55-56; Bottini 1982b; Bottini 1983). [One seems to be able to see the end of the "princely" ideology in the 6<sup>th</sup> century BC, when the only signs are the presence of swords – attributable also to children – but much more so in the 5th century BC] (Bottini 1982, 160).

In a report by Dr. E. Lattanzi on research carried out in 1981 regarding the third campaign of excavation in contrada Casino-Casinello, during which Bottini co-directed field activities with Dr. R. Ciriello, she called attention to the discovery of another 100 tombs in the area. These tombs confirmed the impressions given by the previous campaigns, though adding two further tombs that dated back to the Neolithic period (t. 402 and 403, Soprintendenza Basilicata 1985, 9-10; Bottini-Cipolloni Sampò 1986, 474-475; Cipolloni Sampò 1999d, 71 and 85).

The research conducted in this area also made it possible to broaden our understanding of the housing structures used and to differentiate these chronologically (Lattanzi 1982, 260-261; Cf. Bottini 1982; Bottini-Cipolloni Sampò 1986; for the *Casa di IV secolo del settore R 15* cf. Soprintendenza Basilicata 1985, 33).

Bottini also reported that the Daunian necropoleis found distributed across the territory of Lavello [are much the same as almost all sites in Apulia, alternating with inhabited areas in which what has already been defined many times as a *continuum* of concentrations of huts and houses, then of groups of tombs, with apparent empty spaces between, the latter perhaps used for pasturing or horticulture, which indicates in conclusion some type of regularity and organised urban planning] (Bottini 1985b, 139).

In 1983 Cipolloni Sampò carried out survey and some exploratory excavations in an area of Lavello known as contrada Catena, [a low flat terraced area situated on right bank of the Ofanto at the confluence with the Olivento], in order to expand our understanding of population movements and use of the environment during the Neolithic period (Bottini-Cipolloni Sampò 1986, 479; Di Chicco 1986; Soprintendenza Basilicata 1985, 6-8; Cipolloni Sampò 1987; Bianco-Cipolloni Sampò 1987; Rosucci 1994, 5-9; Cipolloni Sampò 1999c, 55-56).

Interessante anche, come venne sottolineato, il fatto che la presenza di beni di prestigio, di provenienza tirrenica, canosina e greca, nelle tombe "emergenti" dell'interno, potesse essere prova tangibile dell'attività di scambi tra personaggi di rango, prerogativa di gruppi di vertice e mezzo efficace per creare un'evidente distacco dal resto della comunità (Pontrandolfo Greco 1982, 55-56; Bottini 1982b; Bottini 1983).

"Sembra di poter cogliere il venir meno dell'ideologia "principesca" nel VI sec. a.C., quando unici segni di rilievo sono le spade –attribuite anche ai bambini- e soprattutto nel V sec." (Bottini 1982, 160).

In un resoconto delle attività di ricerca svolte nel 1981 la dott.sa E. Lattanzi, ricordando la terza campagna di scavo in contrada Casino-Casinello, durante la quale al dott. Bottini si affiancò nella direzione della ricerca sul campo la dott.sa R. Ciriello, sottolineava il rinvenimento di altre 100 tombe, il cui scavo confermava il quadro già esposto dopo le campagne precedenti, a cui ne aggiungeva due risalenti all'Eneolitico (t. 402 and 403, Soprintendenza Basilicata 1985, 9-10; Bottini-Cipolloni Sampò 1986, 474-475; Cipolloni Sampò 1999d, 71 and 85).

Nel corso della ricerca fu possibile inoltre ampliare le conoscenze relative alle strutture abitative e individuare per ogni epoca di utilizzo le tipologie riscontrate (Lattanzi 1982, 260-261; Cf. Bottini 1982; Bottini-Cipolloni Sampò 1986; for the *Casa di IV secolo del settore R 15* cf. Soprintendenza Basilicata 1985, 33).

Riferiva lo stesso dott. Bottini che le aree di necropoli daunie sin qui esaminate "al pari di quanto avviene in quasi tutti i siti dell'Apulia, si alternano alle aree abitative in ciò che è stato già più volte definito come un *continuum* di agglomerati di capanne prima e di case poi, di gruppi di tombe, di spazi all'apparenza vuoti, forse adibiti alla stabulazione o all'agricoltura orticola, che non lasciano intravedere in conclusione alcun tipo di regolarità e di organizzazione urbanistica" (Bottini 1985b, 139).

Nel 1983 la dott.sa Cipolloni Sampò effettuò delle ricognizioni ed alcuni cicli di saggi in un'altra area del territorio lavellese, in contrada Catena, "basso terrazzo pianeggiante situato sulla riva destra dell'Ofanto, alla confluenza con l'Olivento", per approfondire lo studio delle modalità di popolamento e delle forme di utilizzo di epoca neolitica (Bottini-Cipolloni Sampò 1986, 479; Di Chicco 1986; Soprintendenza Basilicata 1985, 6-8; Cipolloni Sampò 1987; Bianco-Cipolloni Sampò 1987; Rosucci 1994, 5-9; Cipolloni Sampò 1999c, 55-56).

Finds of some significance were discovered in May 1984 when a tomb of some peculiarity was excavated at via dei Cappuccini. This tomb varied from what appeared to be the custom, as the deceased was placed not in a foetal position but supine. In addition, elements of the grave goods showed strong differences with respect to the usual; beside the head, where generally one found two ritual vases – olla and attingitoio – there had been placed a very large Apulian Red-Figure *skyphos*, datable to the second quarter of the 4th century BC. According to the archaeologist who excavated the tomb, this gave every indication of a tomb of a foreigner, almost certainly a warrior. There was also a bronze belt and a spear point indicating a person of some status. Bottini interpreted this tomb to be the first attestation of Lucanian presence in this part of north-east Basilicata: [In the deceased we can in all probability recognize, in short, an exemplar of those groups which in these years began to repopulate all parts of the central-north of the region, in profound crisis from the end of the 5th century] (Tomba 505, Bottini 1985, 20; Bottini 1985b, 144-145; Bottini 1987c; Soprintendenza Basilicata 1985, 30-32).

At the same time an excavation was carried out under the auspices of the Superintendency in collaboration with Dr. M. Tagliente in the zone of the Lavello Cemetery [on one of the last and better defined terraces of the Lavello hill towards the north-east, and therefore one of most evident for one coming from the Ofanto plain below] (Bottini 1985b, 149; Bottini-Tagliente 1986, 67-76; Bottini 1986b). The few tombs found here from the Archaic period seem to indicate that there was little use of the area until it acquired its character during the course of the 5th century BC.

Although the area was largely covered by the modern cemetery, it was still possible to recover a structure – or perhaps a concentration of structures. The upper parts of this structure had been destroyed, but were decorated with circular antefixes with proteomes of Gorgons: [the number of antefixes that came to light in the course of recent years as well as during the last excavation shows that the dimensions of the complex had to be anything but negligible] (Bottini 1985b, = Bottini 1999, 23; cf. Greco 1977). Later analysis by Tagliente informed us that the structures were [clearly important public places] attributable to the 4th century BC (Tagliente 1991, 604).

Ritrovamento del tutto significativo fu, nel maggio del 1984, quello di una sepoltura particolare rinvenuta in via dei Cappuccini: diversamente dalla consuetudine, il defunto non era deposto in posizione rannicchiata, bensì supina e anche gli elementi del corredo evidenziarono forti diversità rispetto agli usuali; accanto alla testa, dove generalmente si trovava la coppia di vasi rituali olla-attingitoio, era stato posto, infatti, uno *skyphos* apulo a figure rosse, di grandi dimensioni, databile al secondo quarto del IV sec. Secondo l'archeologo si era con ogni evidenza di fronte alla tomba di uno straniero, certamente un guerriero –erano presenti nel corredo anche un cinturone in bronzo ed una punta di lancia- e dunque individuo di condizione libera; il dott. Bottini interpretò questo rinvenimento come la prima attestazione della presenza lucana in questo settore nord-orientale della Basilicata: "Nel defunto, possiamo con ogni probabilità riconoscere, insomma, un esponente di quei gruppi che proprio in questi anni ripopolano tutta la fascia centro-settentrionale della regione, in profonda crisi dalla fine del V sec." (Tomba 505, Bottini 1985, 20; Bottini 1985b, 144-145; Bottini 1987c; Soprintendenza Basilicata 1985, 30-32).

Nello stesso contributo l'allora Soprintendente, volendo esporre i risultati delle ultime ricerche, illustrava lo scavo condotto, con la collaborazione del dott. M. Tagliente, nella zona del Cimitero "su uno degli ultimi e meglio definiti terrazzi della collina di Lavello verso nord- est, quindi uno dei più evidenti per chi vi giunge dalla sottostante pianura dell'Ofanto" (Bottini 1985b, 149; Bottini-Tagliente 1986, 67-76; Bottini 1986b).

Il numero esiguo di tombe rinvenute, riferibili ad un'epoca arcaica, sembrarono essere indice di una scarsa frequentazione del sito in quell'età; fu piuttosto ritenuto che quest'area acquisì un carattere diverso nel corso del V sec. a.C.

Per quanto il pianoro fosse in gran parte occupato dal cimitero moderno, fu possibile rinvenire una struttura –o un insieme di più strutture- il cui alzato è stato completamente distrutto, decorata da antefisse circolari a protome di gorgone: "il numero delle antefisse venute in luce nel corso degli anni passati e ancora durante quest'ultimo scavo lascia comunque intendere che le dimensioni del complesso dovevano essere tutt'altro che trascurabili" (Bottini 1985b, = Bottini 1999, 23; cf. Greco 1977).

In un'analisi successiva il dott. Tagliente ci informava che le strutture avevano "chiare valenze pubbliche" ed erano attribuibili al IV sec. a.C.. (Tagliente 1991, 604).

In addition to the structures found at the cemetery site a small group of so-called "emergent" tombs were also found. Among these Bottini introduced one in particular datable to the mid 5th century, probably the most ancient, tomb 599. This was a large shaft tomb containing objects typical of a warrior, but of particular interest because before this time no tomb had been found in the territory of Lavello which had amongst the grave goods both Red-Figure pottery and, more exceptionally, silver objects (Bottini 1986, 15-16; Tagliente 1988, 47-48; Tagliente 1991, 604-605; Bottini 1992, 18-20; Bottini 1999, 22-23).

The fact that this tomb did not hold any human remains was explained by the subsequent excavation of the adjacent chamber tomb n. 600: [in fact this last (tomb) – intact – besides having one deceased from the second quarter of the 4th century contained at least the bones of another individual, confused with grave goods consisting of many weapons....The body of the warrior of tomb 599 and some of the personal objects of the warrior therefore have been transposed into this new interment, probably to lie beside the body of a person of the same *genos*: a ritual without comparisons at Lavello, which reinforces the impression of finding a group of tombs of people of the highest rank conserving an archaic warrior tradition] (Bottini 1986, 15).

Of the other tombs mention can be made of tomb 607, a shaft tomb with a double internment, probably of two females of which one, very much like tomb 505, was in a supine position (cf. Bottini 1985b, also for t.600, t.604, t.607, 150-152; Tagliente 1988, 48; Tagliente 1991).

A last mention may also be made of the significant discovery in the area where the antefixes were found of a [small square *oikos* with a foundation of river pebbles, built of wood bound with clay plastered with straw, and a roof with flat and curved tiles]. This was thought to be most probably a cult site, particularly in light of the fact that [there were numerous series of sacrificial pits] for sacrifices, some empty, others full of vases (Bottini 1985b, 155; Bottini 1986, 15; Tagliente 1988, 48-49; Bottini 1992, 18; Pugliese Caratelli 1996, 65-66).

[After an apparent silence of about half a century, perfectly coinciding with the date given by sources for the Roman conquest] (Bottini 1986, 15) this area according to Bottini came in for re-use. It was readily re-used; after having razed to the ground the buildings of the political-sacral site, a vast necropolis of chamber tombs was dug into the hillside. These may be thought to belong [to family groups of Canosan horsemen (allies of Rome) invited to control the area] (Tagliente 1988, 49). This excavation thus

A questo rinvenimento si accompagnò quello di un piccolo gruppo di tombe "emergenti", tra le quali Bottini ne presentava in particolare una databile al pieno V secolo, probabilmente la più antica, la t. 599: una grande sepoltura del tipo a pozzo, contenente in origine le spoglie di un guerriero, di particolare interesse in quanto per la prima volta, nel territorio lavellese, si rinvenivano tra gli elementi del corredo dei vasi a figure rosse ed, eccezionalmente, alcuni oggetti d'argento (Bottini 1986, 15-16; Tagliente 1988, 47-48; Tagliente 1991, 604-605; Bottini 1992, 18-20; Bottini 1999, 22-23).

Il fatto che non vennero ritrovati, all'interno tomba, dei resti umani, venne chiarito dal successivo scavo della adiacente tomba a camera, n. 600: "quest'ultima infatti, intatta, oltre ad una defunta del secondo quarto del IV sec. , conteneva le ossa di almeno un altro individuo, confuse con i resti di molte armi (…). Il corpo del guerriero della t. 599 e la parte più strettamente personale del guerriero sono stati quindi traslati, nella nuova sepoltura, verosimilmente a fianco del corpo di un'appartenente allo stesso *genos*: un rituale privo di confronti a Lavello, che rafforza l'impressione di trovarsi di fronte alle tombe di personaggi di rango elevatissimo che conservano peraltro l'arcaica condizione guerriera" (Bottini 1986, 15).

Tra le altre sepolture menzioniamo la t. 607, a pozzo con doppia deposizione, probabilmente due donne, di cui una, come nel caso dello straniero della t. 505, era in posizione supina (cf. Bottini 1985b, also for t.600, t.604, t.607, 150-152; Tagliente 1988, 48; Tagliente 1991).

Ultima, ma non meno significativa menzione in questa pubblicazione, quella del ritrovamento, in una parte dell'area in cui furono rinvenute le antefisse, di un "piccolo *oikos* quadrato con basamento in ciottoli, alzato ligneo legato da argilla impastata con paglia, tetto in tegole e coppi", che venne ritenuto con ogni probabilità un luogo di culto, tenendo conto che poco lontano "era una serie assai numerosa di pozzetti sacrificali", alcuni vuoti, altri ricolmi di vasi (Bottini 1985b, 155; Bottini 1986, 15; Tagliente 1988, 48-49; Bottini 1992, 18; Pugliese Caratelli 1996, 65-66).

"Dopo un almeno apparente silenzio di circa mezzo secolo, in perfetta coincidenza cronologica con le date fornite dalle fonti per la conquista romana" (Bottini 1986, 15), secondo il Bottini l'altura venne dunque riutilizzata: venne apprestata, dopo aver raso al suolo i resti dell'impianto politico-sacrale, una vasta necropoli di tombe a camera ricavate nella roccia -che si ritennero appartenenti "ai gruppi familiari dei cavalieri canosini (alleati di Roma) inviati a controllo dell'area" (Tagliente 1988, 49), il cui scavo testimoniò l'utilizzo dell'area nel

indicated the use of the area during the 3<sup>rd</sup> century BC and perhaps until the Second Punic War: [Daunian-Samnite *Forentum*[5] therefore was replaced by a settlement politically Roman and culturally Canosian; abandoning the whole plateau, the settlement concentrated in an area which was already a centre of one of the dominant groups from the previous phase, and the acropolis naturally became the real centre of power: the real derivation of this site from only a single Latin epigraphical source mentioning the name of Forentum is perhaps by now something more than a coincidence] (Bottini 1985b, 156).

Archaeological exploration in the Lavello area in 1986 continued in contrada Casino, where a structure was found and thought to be some sort of habitation dateable to the end of the 5<sup>th</sup> century BC. This structure was in two distinct parts; the first formed a closed courtyard with an extended plan [preceded by a covered vestibule decorated with Gorgon antefixes, slightly wider and opening to the outside]; the second part was attached to the first on the eastern side and was composed of three rooms (Bottini 1987; Bottini 1987b, 682 (= 1988c); Bottini 1988b; Tagliente 1991, 602-604). According to Bottini the two parts had different functions; one had a public purpose, the other a "residential" use. This arrangement approached, in terms of plan and dimensions, the building found by Tocco in the neighbouring contrada *San Felice*: [one finds these almost palatial buildings designed for hospitality in each of the dominant groups' centres over the plateau of Daunian *Forentum*] (Bottini 1987b, 683; Pugliese Caratelli 1996, 56-57; Bottini 1999b).

These structures, so designed and arranged, have been compared by many archaeologists in terms of functionality to large buildings or palaces in Archaic Etruria: [places of residence and of the organization of social life by those aristocratic groups whose presence is made obvious during the same phase, the middle of the 5<sup>th</sup> century, also in the scale of funerary ritual] (Bottini 1988b, 59).

This hypothesis seemed to find a favourable response in the excavation of some tombs found nearby, whose chronology corresponded to that of the use of the building. The rich grave goods included a complete series of vases unrelated to the usual almost formal tomb assemblage, but connected to rituals typical of this privileged minority. This included Attic and colonial Greek imports and defensive arms in bronze. The most striking example discovered, in tomb 768, included a Late Archaic Griffin-Phiale with a handle in the shape of a *kouros*.

corso del III sec. a.C. e forse fino alla seconda guerra punica: "alla *Forentum*[6] daunia-sannitica, si è dunque sostituita quella politicamente romana, culturalmente canosina; abbandonato il pianoro, la vita si concentra nell'area già sede di uno dei gruppi dominanti della fase precedente, nell'acropoli naturale divenuta anche centro reale del potere: la provenienza proprio da questo sito della sola epigrafe latina menzionante il nome di Forentum è forse ormai qualcosa di più di una coincidenza" (Bottini 1985b, 156).

L'attività archeologica nel 1986 si svolse in contrada Casino, dove venne rinvenuta una struttura abitativa databile allo scorcio finale del V sec. a.C. : si trattava di due settori, il primo composto da un cortile chiuso a pianta allungata, "preceduto da un vestibolo coperto e decorato da antefisse gorgoniche, leggermente più ampio, aperto all'esterno"; il secondo settore, addossato al lato orientale del precedente, era composto da un complesso di tre ambienti (Bottini 1987; Bottini 1987b, 682 (= 1988c); Bottini 1988b; Tagliente 1991, 602-604).

Secondo l'archeologo le due parti avevano una diversa funzione, l'una a destinazione pubblica, l'altra "residenziale"; egli inoltre accostò questo edificio, per planimetria e dimensioni, a quello portato in luce dalla dott.sa Tocco nella vicina contrada *San Felice*: "si tratta di impianti quasi palaziali destinati ad ospitare, in ciascuno dei pianori della *Forentum* daunia, i gruppi gentilizi dominanti" (Bottini 1987b, 683; Pugliese Caratelli 1996, 56-57; Bottini 1999b).

Queste strutture, così articolate e complesse, vennero ritenute dunque dall'archeologo piuttosto avvicinabili per funzionalità ai palazzi conosciuti nell'Etruria arcaica: "luoghi di residenza e di organizzazione della vita sociale gestiti da quei nuclei aristocratici la cui presenza ritorna a farsi evidente proprio nel corso della stessa fase, il pieno V secolo, anche a livello di rituali funerari" (Bottini 1988b, 59).

L'ipotesi sembrava, infatti, trovare un felice riscontro nello scavo di alcune tombe site lì dappresso, il cui arco cronologico venne ritenuto corrispondente a quello di utilizzo della casa: i ricchi corredi includevano tutta una serie di vasi estranei al consueto patrimonio formale, connesso piuttosto a riti tipici di questa minoranza di privilegiati, come importazioni attiche e greco coloniali, oltre ad armi difensive in bronzo; l'esempio più eclatante che veniva riportato era il rinvenimento, nella t. 768, di un'esemplare di *Griff- phiale* tardo- arcaica con manico a forma di *kouros*.

---

[5] For the identification of anicent Forentum with modern Lavello see Torelli 1969, 9-48; Di Chicco 1986, 10-15.

[6] Per l'identificazione dell'antica Forentum, menzionata da numerose fonti storiografiche antiche, con Lavello, forniamo alcuni riferimenti bibliografici in capitolo 3.1: vedi Torelli 1969, pp. 9-48; Di Chicco 1986, pp. 10-15.

This necropolis continued to be excavated with the discovery of new tombs, including tomb 677, which is dateable to the middle of the 4th century [distinguished by a pseudo-vaulted ceiling that finds a parallel in the contemporary tomb architecture of Thrace and Macedonia] and the chamber tomb 669, built in the last decade of the 4th century, where the rich grave goods included a bronze cuirass and bronze belt: [the bronze parade assemblage, with the bivalve anatomical cuirass, *promatopidion* and above all the helmet with attached cheekpieces – very well known by its (later) Roman use] (Bottini 1987b, 683-685).

Bottini made a final note regarding the exploration of contrada *Casino* with the discovery [in the customary alternation of habitation and graves, dating from the 7th to the 3rd century] of a series of structures from the 4th century. These structures [to the side and partially crossing a water channel] have been interpreted as ancient centres of handicraft production which were found to be "a short distance" from a mosaic of pebbles in an "L" shape (Bottini 1988, 4).

Another significant internment among the many tombs excavated was that of tomb 796. This tomb, dated to the 6th century, had among its grave goods the first Corinthian helmet found in the Melfese as well as a Daunian bichrome *phiale*. The tomb 772, of 5th century, inevitably brought to mind the tradition of horse-rearing in Daunia since it contained the skeleton of a horse, carefully placed in the tomb (Bottini 1988, 4; for the full publication of the necropolis, see Giorgi-Martinelli-Osanna-Russo 1988).

In 1987 Cipolloni Sampò published the fortuitous excavation – thanks to the discovery of illegal clandestine activity in the area – of the monumental tomb 743. This complex tomb seems to have been used for the longest length of time, probably from the Middle Bronze Age to the Late Bronze Age and is best described as a Hypogeum (ipogeica a pianta complessa) made up of several chambers. The Hypogeum was found in contrada La Speranza (Cipolloni Sampò 1987b; Cipolloni Sampò 1989; Cipolloni Sampò-Remotti 1991-92; Cipolloni Sampò 1999; Cipolloni Sampò 1999b; Cipolloni Sampò 1999d, 113 ff). [almost all the depositions, approximately sixty in number, had objects of amber or glass-paste, bronze rings, spiral hair fasteners [fermatrecce], in some cases weapons, bronze daggers, knives, awls with bone handles, etc....] (Cipolloni Sampò 1999, p. 45).

In 1988 Bottini, M. Tagliente and M. P. Fresa came together in order [to verify if the Daunian settlement maintained the same morphologic characteristics beyond the margins of the plateau] and began an investigation at contrada Alicandro, an area at the base of the Gravetta hill (Bottini 1989b, 101). Here they discovered a number of tombs dateable to the 3rd century, a hypogeum and some structures – probably a house (Fresa 1990; for tomb 675, Fresa 1993). The excavation of the structures unveiled three phases of construction, all from the 4th century. This house seemed to have been abandoned, based upon the lack of material discovered.

However, some important objects were found: [a large bell crater in Red Figure, from an Apulian workshop of the first half of the 4th century, …a type of vase that is almost a symbol of a domestic arrangement and which can be found in almost all of these *oikoi* and a vase fragment on which three Greek letters are recognizable, painted in black paint…the only relative evidence for the use of writing found at Lavello] (Bottini 1989b, 103 (= Bottini 1999c)).

The excavation of tomb 907, a chamber tomb with *dromos,* showed that it was placed against one of the walls of the structure and had cut into the house. Its position and depth indicated that the settlement of this site must have occurred in the middle of the 5th century and was probably abandoned at the end of the 4th century (Bottini 1989b, 103; Bottini-Fresa 1991).

Nel 1988 il dottor Bottini, affiancato dal dott. M. Tagliente e dalla dott.sa M. P. Fresa, col fine di "verificare se l'insediamento daunio mantenesse le medesime caratteristiche morfologiche anche oltre i margini del pianoro superiore", avviò le indagini in contrada Alicandro, area sita quasi alla base della collina di Gravetta (Bottini 1989b, 101).

Vennero rinvenute alcune tombe, databili al III secolo a.C., a camera ipogea e una area di abitato (Fresa 1990; for tomb 675, Fresa 1993) molto estesa, il cui scavo mise in evidenza le tracce di tre fasi costruttive, tutte riferibili al IV secolo; la casa sembrava essere stata del tutto svuotata al momento dell'abbandono, ipotesi confermata dalla scarsa rilevanza dei materiali rinvenuti, se si escludono i ritrovamenti, significativi, di "un grande cratere a campana a figure rosse, opera di una bottega apula della prima metà del IV secolo, (…) un tipo di vaso che è quasi il simbolo della comunità domestica, e che ricorre puntualmente in ciascuno di questi *oikoi*" e di "un frammento di vaso contenitore su cui sono riconoscibili tre lettere greche, dipinte a vernice nera (…) sola testimonianza relativa all'uso della scrittura rinvenuta a Lavello" (Bottini 1989b, 103 (= Bottini 1999c)).

Grazie al rinvenimento della t. 907, a camera con il *dromos* che si appoggiava lateralmente ad uno dei muri e tagliava un vano della casa, ed ai relativi approfondimenti, si dedusse che l'inizio dell'utilizzo del pendio come insediamento potesse essere avvenuto nel pieno V secolo, e che con ogni probabilità si concluse alla fine del IV (Bottini 1989b, 103; Bottini-Fresa 1991).

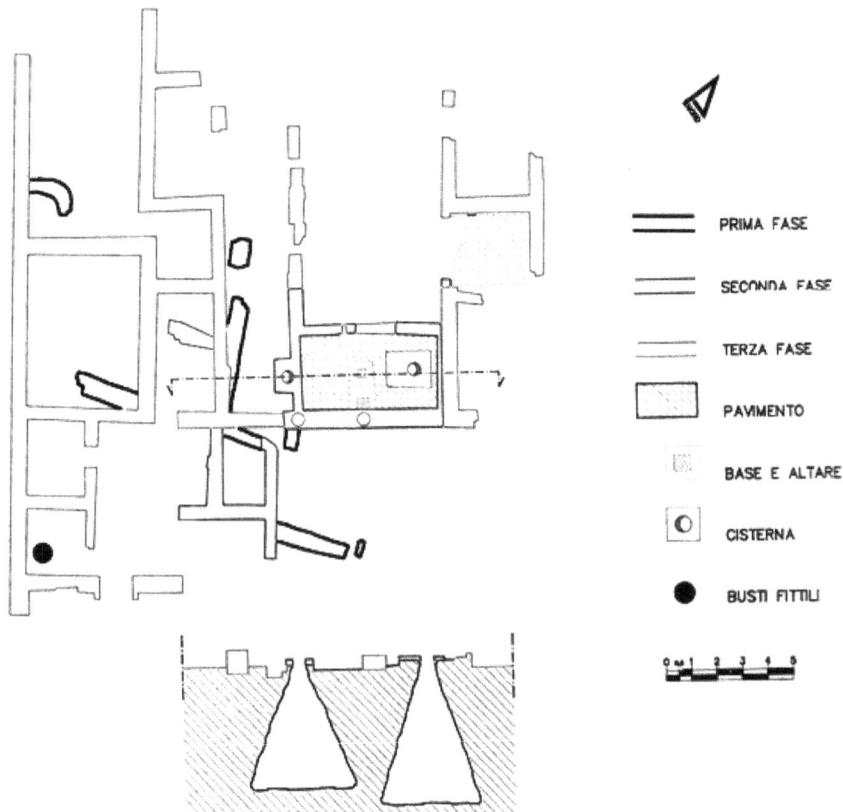

Fig. 6: Plan and section of the sanctuary at Lavello- Gravetta (da Fresa 1993b)

38

Further details of the investigation of this area were later published, in which Bottini announced the discovery during the excavation of a test trench of elements of a cult or sanctuary site: [an enclosure of large blocks of tufo, squared and plastered, and paved with a monochrome white mosaic] which element lead Bottini to suggest a naiskos (Bottini 1990, 20 (= Bottini 1990b)).

The sanctuary is thought to be dateable to the Republican period, though clearly based upon a more ancient foundation (fig. 6) (Tagliente-Fresa-Bottini 1990, 93-108; Tagliente 1990; Fresa 1993b; Russo 1999; Ciriello 2002, 64; Sopraintendenza Basilicata 2004).

An expanded research in successive years brought to light some rooms that flanked the central sanctuary complex on the south-western side; [the most interesting part is a sturdy enclosing wall that runs along at least two sides of the perimeter; its purpose may have been to define the limits of terracing of the hill] (Bottini 1991, 563). Among the finds from the site included two terracotta busts, one female and the other male (Bottini-Guzzo 1992; Bottini 1993c).

Ulteriori dettagli sull'indagine di quest'area vennero forniti in una pubblicazione successiva, nella quale il direttore dello scavo evidenziava come l'apertura di un nuovo saggio avesse consentito di rinvenire gli elementi salienti di un luogo di culto: "un recinto in grandi blocchi di tufo, squadrati ed intonacati, pavimentato con un mosaico monocromo bianco" il cui aspetto portò ad identificarlo con un *naiskos* (Bottini 1990, 20 (= Bottini 1990b)).

Il santuario si ritenne riferibile all'età repubblicana, per quanto sorgesse su un impianto più antico (fig. 6) (Tagliente-Fresa-Bottini 1990, 93-108; Tagliente 1990; Fresa 1993b; Russo 1999; Ciriello 2002, 64; Sopraintendenza Basilicata 2004).

Un ampliamento delle ricerche nell'anno successivo portò a circoscrivere alcuni ambienti che fiancheggiavano l'impianto sul lato sud- occidentale; "l'elemento più interessante è un possente muro di recinzione che corre almeno lungo due lati del perimetro; esso serve sia a definire i limiti che a terrazzare la collina" (Bottini 1991, 563).
Tra i rinvenimenti il dott. Bottini evidenziò quello di due busti in terracotta, uno femminile e l'altro maschile (Bottini-Guzzo 1992; Bottini 1993c).

Fig. 7: Tomb 955: the recovery during excavation of the candelabra and other metal objects (from Bottini 1993)

The Roman period saw some significant research made available in 1990 when G. Volpe published a thorough study on Roman rural settlement in the area. This publication gave a detailed directory of the evidence for Roman presence after the 3rd century BC, even though most of the material came from surveyed traces rather than actual excavations. This included, in the territory of Lavello, Isca Colonna, Casa del Diavolo (Rosucci 1987; Carretta 1989; Di Chicco 1990; Gualtieri 1999), San Felice, Posta Ricci, Colabella, Mezzana- Tristano, Masseria Cilenti (Rosucci 1988), Catena, Piani delle Mandorle, Lamia di Turi, Piani di Scaccia, Fontana S. Barbato, Masseria Chiengo, Finocchiaro, Acquarola, Sterpare, Gravetta, Alicandro, Fontana del Cimitero la Torre, Le Coste, Toppo di Francia, Foragine- Vallone, Pozzo D'Alitta, Masseria Marchesa, Barca Ponte Rotto, Fontana Barca, Barca Torrente Crapellotto, Masseria Scanzano, Conca D'Oro, Masseria dell'Alvano, Ponte di Costanzo, Monte Quercia, Masseria Spagnoletti, Gaudiano (Carretta 1992), and Lenze (Volpe 1990; Di Chicco 1993).

Further work continued at Lavello with the excavation of more tombs at the necropolis of Casino-Casinetto. These excavations, published in 1991, included an examination of tomb 955, datable to between the end of the 5th and the beginning of the 4th century BC. Dr. Rosanna Ciriello and Dr. Setari published this shaft tomb, covered by large sandstone blocks and consolidated by numerous rocks, as a female deposition in the contracted position distinctive [for the amount and the quality of the accompanying objects] (Ciriello-Setari-Bottini 1991, 201; Ciriello 1993; cfr. Russo 1992) (fig. 7).

It is worthwhile emphasising that beyond the customary presence at the feet of the deceased of an olla acroma with attingitoio inside, this tomb contained very rich elements, most notably a bronze candelabra, thought by the excavators to have been of [probable Etruscan manufacture]. The most interesting part of this find was the fact that this candelabra was the first of its type found at Daunian Lavello and in the originality of this artefact in regard to others found in the Melfese (Ciriello-Setari-Bottini 1991; Bottini 1993; Bottini 1993b).

Further publication, beyond the analysis of discoveries already made, began with a new series of investigations made by the Superintendency in the territory of Lavello beginning in 1999.

Nel 1990 il dott. G. Volpe pubblicò un approfondito studio sui ritrovamenti di insediamenti rurali di epoca romana, nel quale fornì un dettagliato elenco delle aree in cui diverse evidenze attestarono indubbia frequentazione dopo il III secolo; seppure nella maggior parte vennero individuate attraverso segnalazioni e non furono interessate da scavi sistematici, riteniamo opportuno farne almeno cenno.

Del territorio lavellese ricordava i rinvenimenti nelle località di Isca Colonna, Casa del Diavolo (Rosucci 1987; Carretta 1989; Di Chicco 1990; Gualtieri 1999), San Felice, Posta Ricci, Colabella, Mezzana- Tristano, Masseria Cilenti (Rosucci 1988), Catena, Piani delle Mandorle, Lamia di Turi, Piani di Scaccia, Fontana S. Barbato, Masseria Chiengo, Finocchiaro, Acquarola, Sterpare, Gravetta, Alicandro, Fontana del Cimitero la Torre, Le Coste, Toppo di Francia, Foragine- Vallone, Pozzo D'Alitta, Masseria Marchesa, Barca Ponte Rotto, Fontana Barca, Barca Torrente Crapellotto, Masseria Scanzano, Conca D'Oro, Masseria dell'Alvano, Ponte di Costanzo, Monte Quercia, Masseria Spagnoletti, Gaudiano (Carretta 1992), Lenze (Volpe 1990; Di Chicco 1993).

Tra gli scavi delle sepolture della necropoli di località Casino-Casinetto, venne presentato, nel 1991, un approfondito esame di quello della t. 955, databile tra la fine del V e l' inizio del IV secolo a.C.; furono la dott.sa Ciriello e la dott.sa Setari ad illustrare la composizione di questa tomba -a pozzo, coperta da grandi lastroni di arenaria consolidati da numerosi ciottoli, con deposizione femminile in posizione rannicchiata- definendola "la più significativa per la quantità e la qualità degli oggetti di accompagno" (Ciriello-Setari-Bottini 1991, 201; Ciriello 1993; cfr. Russo 1992) (fig. 7).

Sottolineiamo in particolare, oltre alla consueta presenza ai piedi dell'olla acroma con attingitoio all'interno, il rinvenimento tra i ricchissimi elementi del corredo di un candelabro in bronzo, ritenuto dai ricercatori di "probabile fattura etrusca"; l'esclusività di questo reperto risiedeva nel fatto che fosse il primo esemplare rinvenuto nel sito daunio di Lavello e nell'originalità, rispetto ad altri rinvenuti nel Melfese, del soggetto rappresentato (Ciriello-Setari-Bottini 1991; Bottini 1993; Bottini 1993b).

La successiva pubblicazione che, oltre ad analizzare le realtà già esplorate, ci aggiornava circa un nuovo intervento delle Soprintendenza in un'area del territorio di Lavello, risale al 1999.

The new Superintendent for the region, Maria-Luisa Nava, began this process with the publication of archaeological activities in Basilicata, concentrating upon a series of exploratory excavations at Casa del Diavolo. Finally the numerous requests made by local historians and scholars were heeded, and these important "antichi ruderi" underwent systematic excavation and research (Rosucci 1987; Carretta 1989; Di Chicco 1990; Gualtieri 1999).

Still evident in the landscape, the remains of the Roman structures at Casa del Diavolo were from a large villa constructed in the Augustan period [and subsequently included a Baths complex]. The excavations brought to light mosaics made of bichrome tessere, though not in an optimal state of conservation, and two rooms of the 1st century AD [relating to the *pars rustica* part of the complex and probably interpretable as a *fullonica*] (Nava 1999, 194; Nava 1999b).

Three years afterwards, Nava published some new finds from the Lavello territory with regard to the activities carried out by the Superintendency in 2001. This included [some monumental chamber tombs the 3rd century BC (fig. 8), characterized by exteriors with painted walls that flanked the connecting road between

L'allora Sopraintendente reggente, la dott.sa M. L. Nava, faceva menzione in un suo contributo riguardo alle attività archeologiche in Basilicata, di una serie di saggi in contrada Casa del Diavolo: finalmente le numerose richieste di storici e studiosi locali, che anni addietro si soffermarono a sottolineare l'incredibile urgenza che quegli "antichi ruderi" venissero analizzati attraverso uno scavo sistematico, vennero accolte (Rosucci 1987; Carretta 1989; Di Chicco 1990; Gualtieri 1999).

Ancora evidenti erano i resti in elevato di una grande villa costruita in età augustea "e successivamente dotata di complesso termale"; grazie agli scavi vennero portati inoltre in luce un mosaico pavimentale, a tessere bicrome, seppure in uno stato di conservazione non ottimale, e due ambienti di I sec. d.C., "pertinenti alla *pars rustica* del complesso e verosimilmente interpretabili come *fullonica*" (Nava 1999, 194; Nava 1999b).

Sempre la dott.sa Nava, tre anni dopo, ci informava riguardo alle attività svolte dalle Soprintendenza nel 2001, evidenziando, per quanto concerneva il territorio lavellese: l'esplorazione di "alcune monumentali tombe a camera del III sec. a.C. (fig. 8), caratterizzate anche da facciate con pareti affrescate, che fiancheggiavano la

Fig. 8: Detail of the excavation at Carrozze (from Soprintendenza Basilicata 2004)

the Daunian centre of Forentum and Canosa, in a period after the Roman conquest]. There was also the discovery and detailed description of a hypogeum (n. 1036) datable to the end of the Early Bronze Age, dug into a bank of tufo rock and [constituted by a long access corridor, an ante-chamber and two chambers] (Nava 2002, 21; Nava 2005). Two further publications clarified the excavation of the hypogeum n. 1036 at Le Carrozze, giving an accurate analysis of the archaeological documentation (Preite 2003; Sopraintendenza Basilicata 2004b).

The most recent archaeological work in the territory of Lavello to have been published (though not including ongoing research that must, as has already been pointed out, give precedence to protective procedures before publication) refer to three distinct areas. The

strada di collegamento tra il centro daunio di Forentum e Canosa, in un periodo successivo alla conquista romana"; il rinvenimento lì dappresso di un ipogeo (n. 1036) databile alla fine della prima età del Bronzo, scavato nel banco di roccia tufacea e "costituito da un lungo corridoio di accesso, da un'anticella e da due celle" , di cui forniva una dettagliata descrizione (fig. 9) (Nava 2002, 21; Nava 2005).

Due successive pubblicazioni chiarivano le vicende che interessarono l'ipogeo 1036 di località Le Carrozze, fornendo un'accurata analisi della documentazione archeologica ad esso pertinente (Preite 2003; Sopraintendenza Basilicata 2004b).

Le ultime esplorazioni di cui è stato scritto – non si pensi che la ricerca si sia interrotta, ma abbiamo già sottolineato come le pubblicazioni vengano ritardate per

Fig 9. The hypogeum 1036 (from Soprintendenza Basilicata 2004b

first, a new investigation at Casa del Diavolo, showed evidence for three distinct phases of construction: one of the 1st century AD, which it was thought laid the basis for the original Baths system; one of the 3rd century AD; and a final phase for which no precise date is given, though it is emphasized that [the material recovered indicates that the area was occupied uninterruptedly from the 3rd-2nd century BC until the 5th century AD]. The latest material present consists of African amphora fragments from the 5th century AD. (Nava-Cracolici-Fletcher 2005, 216; cfr. Nava 2005).[7]

Another important and fortuitous discovery occurred during the preparation of a vineyard at contrada Finocchiaro. At this site an extensive complex was found [characterised by a number of rooms arranged around a large open courtyard] but which had been seriously damaged by ploughing in the area. The evidence suggested [a structure with a character at least partially military] given the abundance of the remains of weapons and other iron objects, as well as iron ore. The site was dateable to between the 4th and 7th centuries AD (Nava-Cracolici-Fletcher 2005, 217; cfr. Nava 2005).

Finally, in the area "PIP", located almost equidistant from San Felice and the Cimitero, construction work uncovered a necropolis dating to the Roman and Late Roman periods [with 25 cappuccina tombs that overlapped each other with a masonry structure and covered in tiles] (Nava-Cracolici-Fletcher 2005, 217; cfr. Nava 2005).

dare precedenza ad interventi di tutela[8] – si riferiscono a tre diverse aree: un nuovo intervento di indagine in località Casa del Diavolo, dove lo scavo permise di evidenziare almeno tre fasi edilizie, di I secolo d.C. –alla quale si ritenne di poter far risalire l'originario impianto delle terme- di III secolo d.C. ed un'ultima di cui non si chiarisce una precisa datazione, seppure venga sottolineato come "il materiale rinvenuto indica che l'area è stata occupata ininterrottamente dal III- II secolo a.C. fino al V secolo d.C.", essendo i materiali più tardi presenti nel complesso dei frammenti di anfora africana, pertinenti appunto al V secolo (Nava-Cracolici-Fletcher 2005, 216; cfr. Nava 2005).

Un rinvenimento fortuito in contrada Finocchiaro, nel corso della costruzione di un impianto vinicolo, di un esteso complesso "caratterizzato da ambienti disposti attorno ad un grande cortile scoperto", -le cui compagini risultarono, tuttavia, gravemente danneggiate dalle arature- che venne ritenuto riferibile "ad una struttura con carattere almeno parzialmente militare", data l'abbondanza di armi ed altri oggetti in ferro rinvenuti e di minerali ferrosi, che parve fosse stata occupata tra il IV ed il VII secolo d.C. (Nava-Cracolici-Fletcher 2005, 217; cfr. Nava 2005); infine nell'area PIP, sita tra le aree indagate anni addietro di S. Felice e zona Cimitero, dove dei lavori di sistemazione permisero di rinvenire e scavare un lembo di una necropoli di età romana e tardo antica, "con 25 sepolture alla cappuccina che si sovrappongono ad altre con struttura in muratura e copertura in tegole" (Nava-Cracolici-Fletcher 2005, 217; cfr. Nava 2005).

---

[7] The archaeologist until recently responsible to the Soprintendenza of Basilicata for part of the territory of the Melfese, Richard Fletcher, has told of other excavations in the area including new excavations at San Felice, another at the Cimitero as well as two investigations at Casabella and Verdedomus in the years 2005 – 2007.

[8] L'archeologo, fino a pochi anni fa responsabile della Soprintendenza della Basilicata per il territorio del Melfese, prof. R. Fletcher, ci informa di aver diretto altri due interventi in contrada San Felice e zona Cimitero, dunque in aree già precedentemente interessate da attività di scavo, e due interventi in località Casabella e Verdedomus, per la prima volta interessate da indagini archeologiche, negli anni 2005-2006.

## 2.2 Melfi

Although we have been able to go some way towards understanding the history of Lavello (Torelli 1969, 9-48; Di Chicco 1986, 10-15; Di Chicco 1994b), on the origins of Melfi our sources say very little. The territory of Melfi extends from the base of Mount Vulture as far as the Ofanto to the west and to the north. It has good connections with Daunia and Enotria through the access roads of Candela and the valley of the Vitalba, and to Metaponto by way of the Bradano and the Basentello (fig. 10).

In spite of Melfi's strategic position in central-south Italy, from antiquity onwards an important crossroads of several different cultures, there was no particular interest shown in the territory of Melfi until the second half of the 20th century: [located on a lava flow, this ancient centre dominated transport along the Ofanto, which is almost connected to that of the Sele at Conza, and dominated also the rich valleys of the Bradano, the Basentello and the Fiumarella, ending almost at the foot of the city. Melfi was therefore placed at the crossroads of the great routes of Magna Graecia, routes that connected the *sinus Paestanus* to the Adriatic and to the Ionian colonies] (Adamesteanu 1966, 200). Investigation began in the 1950s with

## 2.2 Melfi

Diversamente da quanto abbiamo potuto constatare per il territorio di Lavello (Torelli 1969, 9-48; Di Chicco 1986, 10-15; Di Chicco 1994b), sulle origini di Melfi le fonti ci dicono ben poco; il suo territorio, che si estende ai piedi del monte Vulture, è costeggiato dalla riva destra del fiume Ofanto, ed è ben collegato alla Daunia ed all'Enotria attraverso le vie di Candela e la vallata di Vitalba e al distretto del metapontino grazie ai percorsi del Bradano e del Basentello (fig. 10).

Nonostante la posizione strategica rese quest'area, sin dalle epoche più antiche, un importante incrocio di diverse civiltà, un reale e forte interesse verso il territorio di Melfi non si manifestò prima della seconda metà del secolo scorso, ("situato su una cupola lavica, il centro antico dominava la strada dell'Ofanto, che quasi si congiunge con quella del Sele sotto il passo di Conza, e dominava altresì le grandi e ricche vallate del Bradano che si prolunga, con il Basentello e il Torrente Fiumarella, fin quasi ai piedi della città. Melfi era quindi posta all'incrocio delle grandi vie della Magna Grecia, vie che lo collegavano sia al *sinus Paestanus* sia all'Adriatico e alle colonie dello Ionio" (Adamesteanu 1966 p. 200) momento in cui venne formulato un preciso

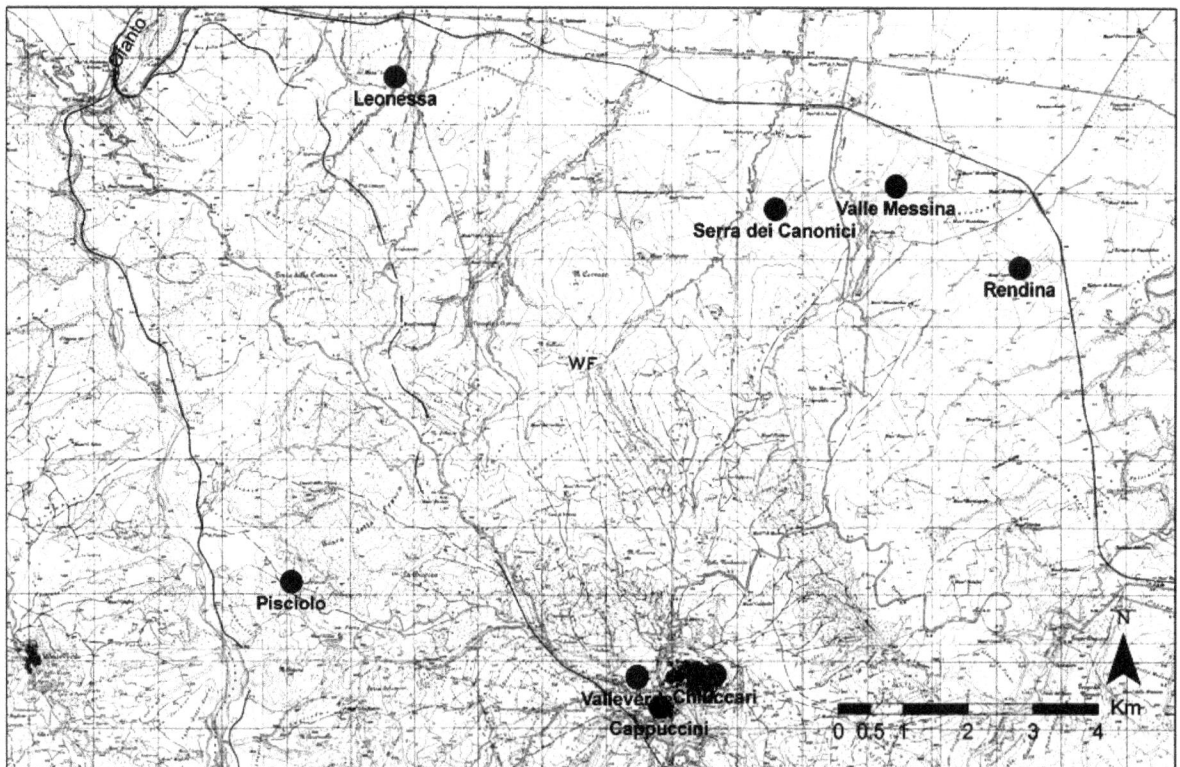

Fig. 10: Archaeological sites in the Melfi area

programs of exploration and excavation between 1954 and 1958, but which were not under the direction of the yet-to-be instituted archaeological Superintendency of the Basilicata.

There were, however, some studies made in the previous century. As early as 1882 the first publication, communicated to the Reale Accademia dei Lincei by Professor F. Barnabei, announced the recovery at Melfi of [artefacts...that came from the funerary goods of tombs excavated in the area of the modern city, or a small distance from the town] (Barnabei 1882, 381).[9] Barnabei mentioned among other things [Red Figure vases, originating from Apulian workshops... and some vases coated in white clay and ornamented with black geometric in the style of the pottery of Cyprus] (Barnabei 1882, 381). In 1889 Dr. Lacava analysed some of the artefacts found in an ancient shaft tomb, noting the analogies with what had been found at Melfi (Lacava 1889, 138).

The next publication, a communication of Di Cicco to the Reale Accademia dei Lincei, was at the turn of the 20th century. This scholar referred to some objects found in the area – a white flint lithic blade, a flint spear point and a series of tombs [chamber tombs, tholos tombs and shaft tombs] placed [over the whole hill of the Technical Institute and the level below] (Di Cicco 1903, 265). In his description of the shaft tombs, Di Cicco refers to the note made Lacava regarding the [shaft tomb or grottoes of Lavello] (Lacava 1891, nota 1). In another publication, Adamesteanu clarified the situation by explaining that the necropolis described by Di Cicco was that later excavated and called Valleverde (Adamesteanu 1966, 200 and n. 5).

Regarding the research carried out in the 1950s in Melfi, Adamesteanu wrote, in 1966, a description of a find of great significance: *The Candelabro di Bronzo di Melfi* (Adamesteanu 1966, 199; Adamesteanu 1967b). This artefact, from a tomb excavated in contrada Chiucchiari in 1956 and dated to the end of the 6th century based upon other objects in the tomb, was considered by Adamesteanu to be of the highest importance for understanding and study of indigenous Italian production, [a work by an excellent bronze craftsman that clearly stands out, especially in the treatment of detail, from the series of others of its kind produced in the Vulci workshops and in Magna Grecia] (Adamesteanu 1966, 207; also see Adamesteanu 1967c; Tocco 1976, 20).

ed intenso programma di indagini e scavi, resosi necessario per ricostruire le vicende dei primi siti rinvenuti in conseguenza di ricerche effettuate, senza la supervisione della non ancora istituita Soprintendenza archeologica della Basilicata, tra il 1954 ed il 1958.

Ciò nonostante risale al secolo precedente, e precisamente al 1882, la prima notizia, comunicata alla Reale Accademia dei Lincei dal prof. F. Barnabei, del rinvenimento a Melfi di "fittili (...) che appartennero alla suppellettile funebre di tombe scavate nell'area della città moderna, od a poca distanza dall'abitato" (Barnabei 1882, 381);[10] lo storico faceva menzione dunque, tra questi, dei "vasi a figure rosse, proveniente dalle officine dell'Apulia (...) e di alcuni vasi con rivestitura di terra bianca, ed ornati a disegno geometrico con linee nerastre, nello stile delle stoviglie di Cipro" (Barnabei 1882, 381). Nel 1889 il dott. Lacava analizzando alcuni dei fittili rinvenuti "nell'antico pozzo sepolcrale" a Lavello, sottolineava forti analogie con le tipologie qui descritte (Lacava 1889, 138).

La successiva pubblicazione, una comunicazione del Di Cicco alla Reale Accademia dei Lincei, è degli inizi del secolo scorso; lo studioso riferiva di alcuni oggetti rinvenuti –un coltello litico di selce bianca, un giavellotto di selce bionda- e di una serie di sepolcri "a cameretta, a tholos ed a pozzo" disposti "per tutta la collina ove è posto l'edificio dell'Istituto tecnico e per i piani sottostanti" (Di Cicco 1903, 265). Nella descrizione che fornisce delle tombe a pozzo, il Di Cicco fa riferimento con la nota 1 allo scritto del Lacava inerente il rinvenimento del "pozzo funereo o grotta di Lavello" (Lacava 1891, capitolo 3.1). Una pubblicazione successiva del dott. Adamesteanu chiarisce che la necropoli presentata dal Di Cicco è quella, successivamente interessata da scavi sistematici, sita in zona Valleverde (Adamesteanu 1966, 200, nota 5).

Delle ricerche effettuate durante la metà degli anni cinquanta ci dava notizia, nel 1966, il dott. D. Adamesteanu, in una nota preliminare ad una sua relazione circa uno dei rinvenimenti ritenuti maggiormente significativi, *Il Candelabro di Bronzo di Melfi* (Adamesteanu 1966, 199; Adamesteanu 1967b); questo cimelio, appartenente ad una tomba rinvenuta e scavata in contrada Chiucchiari nel 1956 –datata in base agli elementi del corredo allo scorcio finale del VI sec.- fu considerato dall'archeologo della massima importanza per la conoscenza e lo studio della produzione italica, "opera di un eccellente bronzista che si distacca nettamente, specialmente nel trattamento dei particolari, dalla serie degli altri, prodotti dalle officine vulcenti e magnogreche" (Adamesteanu 1966, 207; also see Adamesteanu 1967c; Tocco 1976, 20).

---

[9] Barnabei pointed out that this discovery had been mentioned already in *Notizie degli scavi* in 1879, p. 15.

[10] Barnabei 1882, p. 381; il prof. Barnabei sottolineava nel suo scritto come di queste scoperte fosse stata già fatta menzione nelle *Notizie degli scavi* comunicate nel 1879, a p. 15.

Adamesteanu also published all the material found during this period and held in Castello di Melfi from the three different zones known as: contrada Chiucchiari – on the hill of Melfi – contrada Cappuccini and Valleverde. From studies conducted in these areas and from analyses of the finds therefrom, Adamesteanu suggested that the Daunian settlement was placed on the higher ground where, many centuries later, the Norman castle was built. This settlement had a necropolis that is probably best placed on the lower slopes of the hill and which dated to the 5th century BC. It is assumed, moreover, that the Cappuccini and Valleverde areas were necropoleis of 5th and 4th centuries BC (fig. 11) (Adamesteanu 1966, 199-208).

Subsequent exploration and archaeological investigation in the area was undertaken under Adamesteanu's supervision. Investigations in contrada di Chiucchiari [a series of trenches in open areas between the houses of the modern town] indicated the date of the necropolis – exclusively to the archaic

Adamesteanu ci informava che tutto il materiale archeologico recuperato, custodito nelle sale del Castello di Melfi, proveniva da tre diverse zone: contrada Chiucchiari, -sulla collina stessa di Melfi- contrada Cappuccini e Valleverde. Dagli studi effettuati attraverso le indagini di queste aree e l'analisi della documentazione archeologica rinvenuta, il dott. Adamesteanu suppose che l'insediamento daunio fosse sistemato sulla parte più alta, dove sorgerà, centinaia di anni dopo, il castello Normanno, e che sui bordi della collina si estendessero le necropoli arcaiche e di V secolo a.C.; ipotizzò inoltre che la zona dei Cappuccini e di Valleverde fossero interessate da aree di necropoli di V-IV secolo (fig. 11) (Adamesteanu 1966, 199-208).

In un suo contributo successivo inerente l'attività archeologica svolta in Basilicata, illustrò alcune indagini svolte in queste aree: nella contrada di Chiucchiari "una serie di saggi nelle aree libere, tra le case dell'abitato moderno" permise di chiarire l'epoca di utilizzo della necropoli, -riferendola esclusivamente al periodo arcaico

Fig. 11: Melfi: aerial view of the sites found in the area (Soprintendenza Basilicata 2004)

period – but later work showed that [it had been also used as a necropolis in the Early Iron Age, which in large part had been destroyed by later tombs of the Archaic period] (Adamesteanu 1971, 99; Cfr. Adamesteanu 1974, 161; Bottini 1982, 154-155). Excavations also showed that the majority of tombs were "a fossa". However, on the Cappuccini hill, excavations carried out before the construction of new housing in the area uncovered some chamber tombs each with a long dromos. The study of these tombs and their funerary equipment dated the beginning of the necropolis to the second half of the 4th century BC and its end to the 3rd century BC (Adamesteanu 1967, 256; cfr. Adamesteanu 1967b; Adamesteanu 1971; Adamesteanu 1974, 161 and 165; Tocco 1976b; Bottini 1976, 28; Berlingò 1993). At Valleverde, an area where plans already existed for excavation before the institution of the Superintendency in Basilicata and which was earmarked for the construction of further housing, the first surveys of the area found a number of chamber tombs similar to those uncovered at contrada Cappuccini, [which became more numerous especially in the zone of the valley of the old and celebrated Technical Institute of Melfi] (Adamesteanu 1967, 257).

Having ascertained, thanks to the excavation of a series of trenches on the slopes of Valleverde, that this area had been a necropolis of the 4th century BC, the planned construction of housing in the area was suspended and a new investigation covering the entire area was begun. Thus [in such a way it has been possible to demonstrate the presence of chamber tombs all over the slope and to establish moreover that the life of the town of Melfi did not cease at the end of the 4th century BC, but continued up to the High Medieval and Medieval periods, being connected directly and securely to the history of the Castle and therefore of the town] (Adamesteanu 1967, 258; cfr. Adamesteanu 1970, 219; Adamesteanu 1974, 161, 165; Berlingò 1993). This area, next to the complex of numerous chamber tombs near the Technical Institute, made a nucleus comprising an area that the Superintendency helped to make an archaeological park – near to which were also found a number of cappuccina tombs of the Roman Imperial period (Adamesteanu 1967, 258; cfr. Adamesteanu 1971; Tocco 1976b; Bottini 1976, 28).

In 1971 Adamesteanu extended investigation in the Melfi area beyond the urban centre and into the countryside: in contrada Leonessa [the contrada was noted for the presence of a large Roman villa where a beautiful Roman sarcophagus had been found ...in an area called Albero in Piano] (Adamesteanu 1971, 100).[11]

(Adamesteanu 1971, 99; Cfr. Adamesteanu 1974, 161; Bottini 1982, 154-155)[12] - e la tipologia delle sepolture – per lo più tombe a fossa terragna-; sulla collina dei Cappuccini si intervenne durante i lavori per la costruzione di nuove abitazioni, occasione in cui vennero portate alla luce alcune tombe a camera con lungo dromos, i cui elementi di corredo aiutarono a datare l'inizio della necropoli alla seconda metà del IV secolo a.C. e la fine del suo utilizzo agli inizi del III secolo a.C. (Adamesteanu 1967, 256; cfr. Adamesteanu 1967b; Adamesteanu 1971; Adamesteanu 1974, 161 and 165; Tocco 1976b; Bottini 1976, 28; Berlingò 1993); infine a Valleverde –area che si prevedeva, secondo progetti varati prima dell'istituzione della Soprintendenza alle Antichità della Basilicata, dovesse essere destinata alla costruzione di un complesso di case popolari- già le prime ricognizioni permisero di individuare tombe a camera, simili a quelle rinvenute in contrada Cappuccini, "che si addensavano specialmente nella zona a valle del vecchio e glorioso istituto Tecnico di Melfi" (Adamesteanu 1967, 257).

Avendo appurato, grazie all'apprestamento di una serie di trincee sul pendio di Valleverde, come effettivamente qui si estendesse una necropoli di IV secolo a.C., i previsti lavori di nuove costruzioni vennero interrotti, e nuove indagini interessarono l'intera area: "in tal modo è stato possibile constatare la presenza delle tombe a camera su tutto il pendio e stabilire inoltre che la vita dell'abitato di Melfi non finisce con la fine del IV secolo a.C., ma continua fino al periodo altomedioevale e medioevale, collegandosi direttamente e saldamente alle vicende storiche del Castello e quindi dell'abitato" (Adamesteanu 1967, 258; cfr. Adamesteanu 1970, 219; Adamesteanu 1974, 161, 165; Berlingò 1993); infatti, accanto al più numeroso complesso di tombe a camera messe in luce sul lato sinistro dell'istituto Tecnico – nucleo compreso nell'area che venne infine ceduta alla Soprintendenza per essere destinata a parco archeologico- se ne rinvennero altre a cappuccina di età romana imperiale e alcune in terra nuda (Adamesteanu 1967, 258; cfr. Adamesteanu 1971; Tocco 1976b; Bottini 1976, 28).

Nel 1971 il dott. Adamesteanu sottolineava come le ricerche si fossero estese anche in altre zone dell'agro di Melfi, seppure più lontane dal moderno abitato: in contrada Leonessa,[13] area in cui le prime tracce di

---

[11] It is probable, however, that the sarcophagus was from Rapolla in the southern part of the territory of Melfi.

[12] In conseguenza di ulteriori indagini l'archeologo chiarisce in un successivo contributo che quest'area "era stata sede anche di una necropoli della prima età del Ferro, in gran parte distrutta dalle successive tombe del periodo arcaico e tardo arcaico." Adamesteanu 1971, p. 99; Cfr. anche in Adamesteanu 1974, p. 161; Bottini 1982, pp. 154-155.

[13] "La contrada ci era nota dalla presenza di una grande villa romana, da cui proveniva il bel sarcofago romano (...), nella frazione denominata Albero in Piano" (Adamesteanu 1971, 100). Già all'epoca dello studio la suddetta frazione era però compresa nell'agro di Rapolla, ragion per cui ci limitiamo alla menzione di questo ritrovamento.

In the Leonessa area traces of settlement begin with the Neolithic period and continue into the High Medieval. Thanks to research conducted by the Superintendency in the area it has been possible to confirm the presence of Daunian settlement and of Daunian necropoleis from the Iron Age [and the continuity of life, in the same area, of houses and of scattered small farms from the 5th century BC through to the 7th century AD] (Adamesteanu 1971, 100; cfr. Tocco 1971, 114-116; Tocco 1976, 20-21; Tagliente 1989; Adamesteanu 1970, 218; Adamesteanu 1974, 165-167). Similar archaeological work was carried out beginning in 1969 in the zone of Pisciolo. This area, on a hill on the eastern bank of the Ofanto River in the territory of Melfi, showed evidence of a settlement dating to the beginning of the 6th century to the 5th century BC[14] - a site [of maximum importance for a better understanding of cultural changes in this crossroads in Melfi and its territory] (Adamesteanu 1971, 101; Tocco 1971, 117; Adamesteanu 1974, 185).

The character of this area as a cultural crossroads, often demonstrated in the evidence, was once again confirmed by the analysis and thorough study of the tombs, the grave goods found in tombs and, above all, the artefacts recovered from the archaic tombs of the necropoleis of Chiucchiari and Pisciolo. Here were found a series of rich artefacts with influences from areas nearby: vases made in the local tradition with decoration typical of Daunia and Peuceta, gold thought to originate in Etruria, cups in the *Kleinmeister* style of typically Greek production, as well as a series of bronze vessels, decorative artefacts for chariots or wagons, and greaves, all of which have been attributed to indigenous Italian centres but which showed clear derivations from cultures with which contacts were simple and frequent. Significantly, Archaic material was also discovered at Leonessa, clearly indicating contact with the Etruscan-Campanian sphere. Also found in the area are amber artefacts and figures probably from the Ionian coast and made in an orientalising style, from the "Princely" tombs Pisciolo (Adamesteanu 1971, 102; Adamesteanu 1974, 167-170; Adamesteanu 1975; For an analysis of the necropoleis of Chiucchiari, Valleverde, Cappuccini, Leonessa e Pisciol: Tocco 1971; Orlandini 1972; Bottini 1984; Bottini 1989, 171-172).

In 1972 Tocco published the results of the first season of excavation at the necropolis of Pisciolo. In the course of this project, during 1971, archaeologists explored the whole area below the road and beside the Ofanto River

insediamenti sparsi iniziano col Neolitico, per giungere poi sino al tardo periodo altomedievale, grazie alle indagini, condotte dalla Soprintendenza, fu possibile confermare la presenza di abitati e necropoli daunii dell'età del Ferro "e la continuità di vita, nella stessa zona, di abitati e fattorie sparse per tutto il periodo compreso tra il V secolo a.C. ed il VII secolo d.C." (Adamesteanu 1971, 100; cfr. Tocco 1971, 114-116; Tocco 1976, 20-21; Tagliente 1989; Adamesteanu 1970, 218; Adamesteanu 1974, 165-167).; allo stesso modo significative risultarono le indagini che vennero condotte, già dal 1969, nella frazione del Pisciolo, una collina sulla riva destra dell'Ofanto, compresa nel territorio di Melfi, interessata da un insediamento di inizi VI e V secolo a.C.,[15] "della massima importanza per una migliore conoscenza delle fasi culturali presenti in questo incrocio di strade che sono Melfi ed il suo agro" (Adamesteanu 1971, 101; Tocco 1971, 117; Adamesteanu 1974, 185).

Il carattere, più volte messo in evidenza, di incrocio di civiltà che quest'area mostra di rappresentare, venne dimostrato grazie all'analisi e agli studi, più che delle tipologie delle sepolture, dei corredi in esse contenuti; soprattutto i corredi arcaici delle necropoli di Chiucchiari e Pisciolo restituirono tutta una serie di elementi ricchi di influssi provenienti dalle vicine zone: vasi di tradizione locale, con decorazioni tipiche dell'area Daunia e Peuceta, ori ritenuti provenienti dall'Etruria, coppe nello stile così detto dei *Kleinmeister* di produzione tipicamente greca, oltre a una ricca serie di vasi bronzei, elementi decorativi di carri, schinieri, che vennero attribuiti al mondo italico ma che mostravano chiare derivazioni da tipologie tipiche delle culture con le quali i contatti erano facili e frequenti. Significative a tal proposito sono anche le antefisse arcaiche rintracciate a Leonessa, chiari segnali dei contatti con il mondo etrusco campano, o le ambre figurate permeate dell'influsso ionico o create in un ambiente orientale, rinvenute nelle tombe principesche del Pisciolo (Adamesteanu 1971, 102; 1974, 167-170; 1975; Per la presentazione e l' analisi dei corredi delle necropoli di Chiucchiari, Valleverde, Cappuccini, Leonessa e Pisciol: Tocco 1971; Orlandini 1972; Bottini 1984; 1989, 171-172).

Nel 1972 vennero pubblicati dalla dott.sa Tocco i risultati della prima campagna di scavo svoltasi nella necropoli del Pisciolo; durante le indagini, svoltesi nel corso dell'anno precedente, i ricercatori esplorarono tutta l'area a valle della strada, prossima al fiume Ofanto, e la fascia

---

[14] Later analysis of the site suggested that it may have begun as early as the end of the 7th century and continued until the beginning of the 4th century BC (Tocco 1976, 21; Ciriello 2002, 51).

[15] Successivi approfondimenti sul campo portarono a riconsiderare l'arco cronologico di vita del sito del Pisciolo, collocandolo tra la fine del VII e gli inizi del IV secolo a.C., (Tocco 1976, 21; Cfr. anche Ciriello 2002, 51).

as well as the higher area to the east. They uncovered a total of 102 tombs with the deceased in crouched (or foetal) position and the grave goods placed at the feet or beside the corpse (Tocco 1972).

The first chronology of these tombs was first reported to have been Archaic. The tombs were for the most part "a fossa" tombs and contained Daunian ceramics with monochrome and bichrome decoration, Ionian cups, and Subgeometric pottery with banded decoration. Most tombs had been paved with river rocks and covered with large stone slabs or numerous flat blocks and dated to the mid or late 6th century BC (Tocco 1972, 461-462). Another group, somewhat later, dated to the beginning of the 5th century BC. These were also "a fossa" tombs, with river rocks at the base and covered with slabs. However, these tombs were rather poorer in grave goods than those of the 6th century. The third phase of tombs was dated to between the middle of the 5th century and the first quarter of the 4th century BC, and was similar in construction to those previously used. However, grave goods were quite different: there was quite a large variety of forms of ceramics in black glaze as well as Daunian styles, [wheel-made ceramics decorated with bands and geometric and floral motifs on black paint, of a type distributed from the 5th century BC onwards not only in Daunia but also in Peucezia and Messapia] (Tocco 1972, 463; cfr. Bottini 1989, 164-165).

To this last group belonged two exceptional "tombe principesche", tomb 43 (fig. 12) and tomb 48, [which assumed a predominant position with regard to the others because of the monumental nature of the structure and the wealth of the grave goods]. The tombs had two parts: a chamber in which were deposited ceramics, as well as iron and bronze objects, and a chamber made from large limestone blocks that contained the deceased and a large number of more precious objects (Tocco 1972, 463; Tocco 1971; cfr. Bottini 1989, 164-165; Bottini 1991b; Bottini 1999, 451-452).

Exceptional tombs such as these "princely tombs" at Pisciolo, when considered in the context of the whole necropolis, supported the hypothesis of a dominant class in Daunian society being present at least during the last phase of the settlement to which the necropolis belonged.

In further campaigns more research continued in the inner area of the necropolis [limited to the north of the Frasche stream and to the west of the Ofanto and extending to the east for more than a kilometre – but without discovering the limit to the south] (Tocco 1973, 329).

orientale della zona più alta, riportando in luce ben 102 sepolture, col defunto sempre in posizione rannicchiata e corredo disposto ai suoi piedi o lateralmente (Tocco 1972).

La prima cronologia proposta, sulla base dei rinvenimenti soprattutto ceramici, -che comprendevano ceramica daunia con decorazione monocroma e bicroma, coppe ioniche e ceramica subgeometrica con decorazione a fasce-, riferiva le tombe più arcaiche –a fossa, a volte con pavimentazione in ciottoli e con copertura di lastroni e numerosi blocchetti di pietra- alla metà ed alla fase finale del VI secolo a.C. (Tocco 1972, 461-462).

Un altro gruppo, leggermente più tardo, venne datato all'inizio del secolo successivo, e comprendeva sepolture a fossa con copertura di grossi ciottoli e lastroni; i corredi rinvenuti erano generalmente più poveri di quelli delle tombe arcaiche.

Ad una terza fase venivano attribuite altre sepolture databili tra la seconda metà del V secolo e il primo quarto del IV secolo a.C., simili alle ultime descritte per tipologia, ma differenti per i corredi che restituirono: numerose erano le forme vascolari e da mensa in vernice nera, ma non era più presente la ceramica daunia, in luogo della quale si rinvenne "ceramica lavorata al tornio e decorata da fasce e motivi geometrici e vegetali in nero lustro, del tipo diffuso dal V sec. a.C. non solo in Daunia ma anche in Peucezia ed in Messapia" (Tocco 1972, 463; cfr. Bottini 1989, 164-165).

A questo ultimo complesso di sepolture appartenevano le già citate "tombe principesche", la n. 43 (fig. 12) e la n. 48, "che assumono una posizione predominante su tutte le altre per la monumentalità della struttura e per la ricchezza dei corredi", le cui casse, precedute da un fosso in cui era riposta la suppellettile in ceramica, ferro e bronzo, erano composte da grandi blocchi di calcare e contenevano il defunto attorniato dagli oggetti più preziosi (Tocco 1972, 463; Tocco 1971; cfr. Bottini 1989, 164-165; Bottini 1991b; Bottini 1999, 451-452).

Ritenute eccezionali nel contesto dell'intera necropoli, le tombe principesche del Pisciolo, permisero di ipotizzare anche qui la presenza di una classe dominante, riscontrabile almeno durante l'ultimo periodo di vita dell'insediamento cui la necropoli appartiene.

L'anno successivo le indagini vennero approfondite nell'area più interna della necropoli, "delimitata a nord dal torrente delle Frasche e a ovest dall'Ofanto, si estende ad est per più di 1 km.,mentre non se ne conosce ancora il limite a sud" (Tocco 1973, 329).

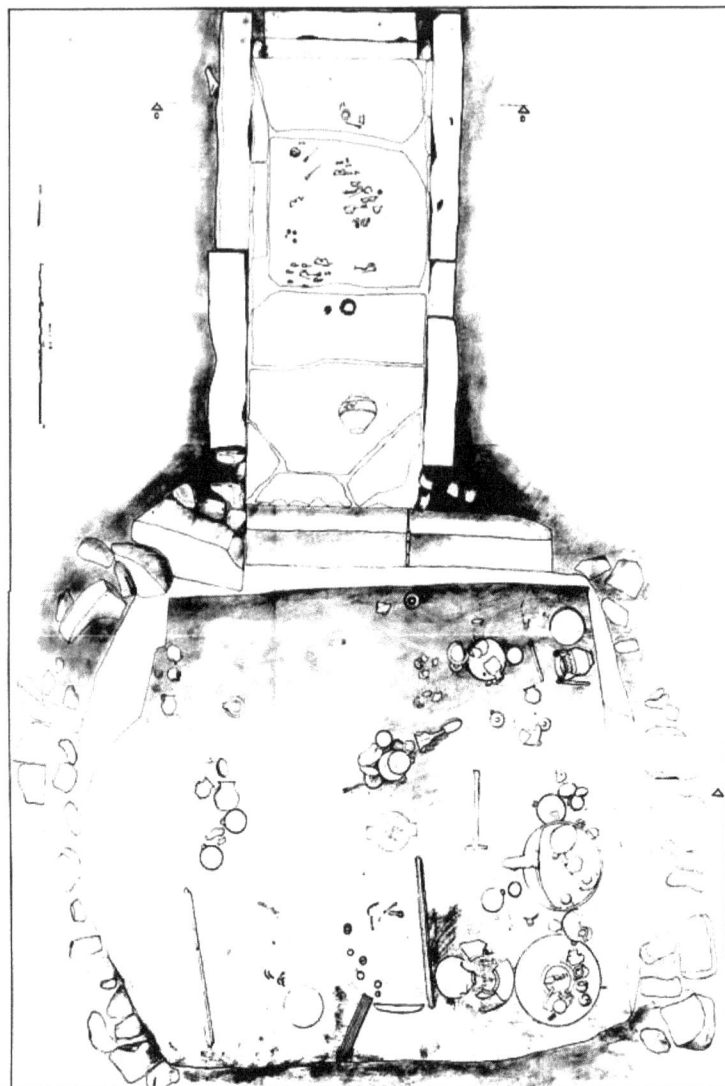

Fig. 12: Melfi-Pisciolo: tomb n. 43 (from Adamesteanu 1974, 169)

Tocco's research found a number of tombs – some chamber tombs and numerous fossa tombs covered by stone slabs – were generally dateable to the 5th century BC and suggested that the Archaic tombs may have been concentrated in the zone closer to the Ofanto (Tocco 1973, 329).

In this area were also discovered the remains of two huts. For one of these, the better conserved of the two, it was possible to reconstruct a circular structure [beginning in the east with a dry stone wall and preceded perhaps by a small quadrangular porch] (Tocco 1973, 330-334; cfr. Tocco 1975; Tocco 1976, 21-22). These structures were thought to be contemporary with the tombs of the second phase of the necropolis, based upon the analysis of ceramic fragments found in their construction layers.

Sempre sotto la direzione della dott.sa Tocco, la quale rinvenne e scavò nuove sepolture –alcune a cassa, altre a fossa semplice con copertura in lastroni di pietra- attribuibili per lo più al corso del V secolo a.C.: sembrava, dunque, che le tombe più arcaiche fossero concentrate tutte nella zona più prossima al fiume Ofanto (Tocco 1973, 329).

Vennero, in questo contesto, rinvenute anche le tracce di due capanne; solo di una delle due, la meglio conservata, fu possibile ricostruire la pianta circolare, "delimitata a est da un muretto a secco e preceduta forse da un piccolo portico quadrangolare" (Tocco 1973, 330-334; cfr. Tocco 1975; Tocco 1976, 21-22), che venne ritenuta coeva alle tombe della seconda fase della necropoli, grazie all'analisi dei frammenti rinvenuti in strato.

In 1974 Cipolloni Sampò began excavations at the Neolithic village at Rendina, in the middle Ofanto valley, and at the settlement from the same period at Masseria Leonessa. The first site was discovered after four seasons of survey,[16] in the course of which a settlement was found that dated earlier [relative to that facies of hand-made ceramics in Italy noted in the finds from Rendina and the village of Guadone (S. Severo-Foggia)] (Cipolloni 1974, 477; Cipolloni 1975). Among the huts, which were generally oval in shape, numerous structures were found with hearths, furnaces, and post-holes as well as faunal remains (Cipolloni 1974; cfr. Cipolloni 1976; Cipolloni 1980; Cipolloni Sampò 1984; Cipolloni Sampò 1999; Cipolloni Sampò 1999b).

The settlement was characterized by an encircling trench around the huts. However, not all the structures inside were contemporary. It was therefore possible on the basis of [stratigraphical correlations....to delineate some salient changes in the topography of the settlement through the various periods] (Cipolloni Sampò 1995, 283; cfr. Bokony 1983; Borgognoni Tarli 1983; Follieri 1983; Ronchitelli-Sarti 1983; Cipolloni Sampò 1983; Bokony 1988-89; Cipolloni Sampò 1988-89).

The occupation of the site appeared to have been largely dated to the early Neolithic, [which is characterized by hand-made pottery (phases I, II and III at Rendina)] from the 7th millennium through much of the course of the 6th millennium BC (Nava 2003, 77).

The village of Leonessa, however, was discovered thanks to a series of test trenches planned by the Superintendency with the aim of exploring [the existing archaeological zones along the route of the 'Bradanica' freeway] (Cipolloni 1974, 475; cfr. Bianco-Cipolloni Sampò 1987; Cipolloni Sampò 1999, 56). During the excavation of these test trenches a site was found just outside the planned freeway route that revealed two levels of habitation. These were rich in structural evidence and supplied interesting data regarding the Neolithic period of Trichrome ceramics (Cipolloni 1974, 476-477; Cipolloni 1976; Cipolloni 1980). In a later publication Cipolloni refers to traces of a settlement dated to the Bronze Age at the site of Masseria Leonessa and on the hill of Cappuccini (Cipolloni 1979, 492-493).

Nel 1974 fu la dott.sa Cipolloni Sampò a illustrare le attività di ricerca svolte nel villaggio neolitico di Rendina, situato nella media valle dell'Ofanto, e nell'insediamento, riferibile alla stessa epoca, individuato nell'area di Masseria Leonessa: il primo sito veniva ora interessato dalla quarta campagna esplorativa[17], nel corso della quale venne indagato l'insediamento più recente, "relativo a quella facies evoluta della ceramica impressa nota nella nostra penisola dai ritrovamenti del Rendina e di Villaggio Guadone (S. Severo-Foggia) (...)"(Cipolloni 1974, 477; Cipolloni 1975); tra i resti delle capanne, generalmente ovali, si rinvennero numerose strutture quali focolari, forni, buche con resti di fauna (Cipolloni 1974; cfr. Cipolloni 1976; Cipolloni 1980; Cipolloni Sampò 1984; Cipolloni Sampò 1999; Cipolloni Sampò 1999b).

L'insediamento era caratterizzato da una trincea di recinzione esterna all'abitato, ma le strutture rinvenute all'interno non erano tutte coeve, dunque, "sulla base delle correlazioni stratigrafiche" fu possibile "delineare alcuni cambiamenti salienti nella topografia dell'insediamento attraverso i vari periodi" (Cipolloni Sampò 1995, 283; cfr. Bokony 1983; Borgognoni Tarli 1983; Follieri 1983; Ronchitelli-Sarti 1983; Cipolloni Sampò 1983; Bokony 1988-89; Cipolloni Sampò 1988-89).

L'occupazione del sito risultò essere stata maggiormente intensa nelle fasi antiche del Neolitico, "quelle caratterizzate dalla ceramica impressa (fasi I, II e III di Rendina)", durante un arco di tempo compreso tra la fine del VII millennio, al corso del VI (Nava 2003, 77).

Il villaggio di Leonessa, invece, venne indagato attraverso saggi esplorativi, dopo l'individuazione recente avvenuta grazie a una serie di ricognizioni organizzate dalla Soprintendenza al fine di "tutelare le zone archeologiche esistenti sul tracciato della progettata strada a scorrimento veloce 'Bradanica'" (Cipolloni 1974, 475; cfr. Bianco-Cipolloni Sampò 1987; Cipolloni Sampò 1999, 56). Durante questi interventi venne rilevata un'area sita al di fuori della sede stradale, che restituì due livelli di abitato ricchi di elementi strutturali, che hanno fornito interessanti riscontri inerenti la facies neolitica della ceramica tricromica (Cipolloni 1974, 476-477; Cipolloni 1976; Cipolloni 1980).

---

[16] The first publication regarding this research at *Rendina* was from 1974. The only reference to preceeding campaigns was made in Cipolloni 1975m note 1 and Nava 2003, 77. Mention was also made in Cipolloni Sampò 1973, 359-367.

[17] La prima pubblicazione di cui ho preso visione riguardo alle ricerche nell'insediamento neolitico di *Rendina* risale al 1974. L'unico riferimento ad un studio precedente è in nota 1 di Cipolloni 1975 ed in Nava 2003, p. 77, comunque menzionato nella raccolta bibliografica del capitolo 3.2: Cipolloni Sampò 1973, pp. 359-367.

As regards the Roman period, in 1976 Adamesteanu informed us that at Masseria Leonessa a small necropolis was discovered. This necropolis had a number of cappuccina tombs with grave goods dating them to the 3$^{rd}$ century AD (Adamesteanu 1976, 529). Some year later, in 1980, C. Klein-Andreau referred for the first time to research in the Leonessa area – campaigns from 1971-1975 - that attested to intense occupation of the area in the Roman period, mainly in the Imperial period (Klein-Andreau 1980, 356-358).

The first work at contrada Tesoro were undertaken as a result of the fortuitous discovery, in the course of construction undertaken on the property of Mr M. Corona, of the remains of a *pars rustica* of a Roman villa. The villa was found to have been very large. The walls uncovered included older sections in *opus reticulatum* and paving in *opus spicatum*. The precise chronology for the villa was difficult to determine because in Late Antiquity a Christian sanctuary was superimposed upon the site – of which the apse and several tombs were uncovered (Klein-Andreau 1980, 345-356; Adamesteanu 1972, 458. Volpe mentions a date of 1st to 3rd century AD: Volpe 1990, 142-144).

Nel 1976 il dott. Adamesteanu ci segnalava, sempre in contrada masseria Leonessa, la presenza di una piccola necropoli con tombe per lo più a cappuccina, i cui corredi ne fissarono la datazione in un arco di tempo compreso tra la fine del I e gli inizi del III secolo d.C. (Adamesteanu 1976, 529). Qualche anno dopo, nel 1980, l'archeologa C. Klein-Andreau, con una sua pubblicazione, diffondeva per la prima volta i dati delle ricerche che avevano attestato nell'area di località Leonessa, già nel corso degli anni 1971-1975, un'intensa occupazione anche in epoca romana, soprattutto imperiale (Klein-Andreau 1980, 356-358).

I primi sondaggi interessarono contrada Tesoro, dove nel corso di lavori di sistemazione intrapresi nella sua proprietà il sig. M. Corona rinvenne fortuitamente i resti della *pars rustica* di una villa romana -la cui estensione doveva essere molto vasta- di cui si conservavano dei muri, relativi alla fase più antica, in *opus reticulatum* e parti di pavimentazione in *opus spicatum;* risultò tuttavia difficile stabilirne la precisa cronologia, soprattutto perché sul sito, in età tardo antica, si impiantò un santuario paleocristiano, di cui sono conservati un abside e quattro tombe (Klein-Andreau 1980, 345-356; Adamesteanu 1972, 458. Volpe indicata di I-III secolo d.C. Volpe 1990, 142-144).

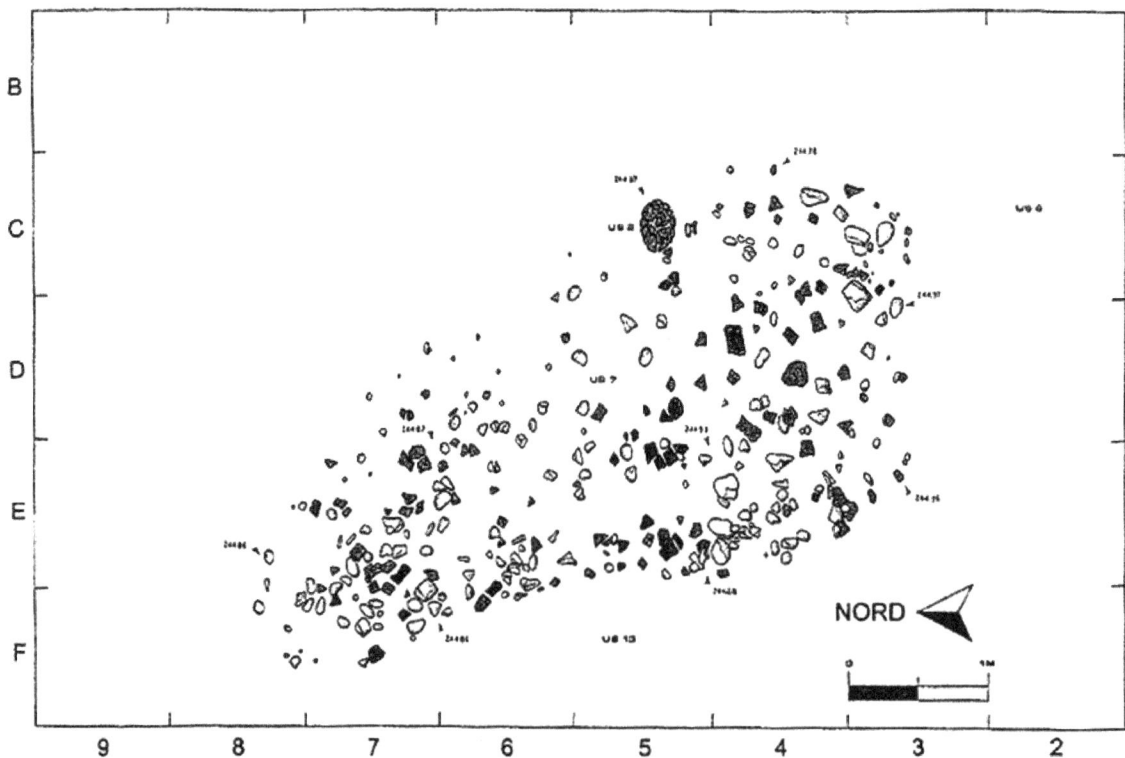

Fig. 13: Melfi- Valle Messina: detail from the excavation of a hut (from Natali 2003, 96)

A Roman necropolis was also discovered very close to this villa. This necropolis was found as a result of construction for an intersection of the Bradanica and Melfi-Potenza freeways. The oldest of the tombs were dateable to the reign of Vespasian in the 1st century and the latest to the middle of the 3rd century AD (Klein-Andreau 1980, 356-358; Volpe 1990, 144).

Professor Volpe in his *La Daunia nell'età della romanizzazione*, beyond mentioning those sites uncovered by excavation, also pointed out the presence of four other sites in the Melfi district that showed evidence of Roman structures, walls in *opus incertum,* and evidence of ceramics dating between the beginning of the Roman period and Late Antiquity. These were found by means of survey and by references of historians: contrada Leonessa II and contrada Leonessa III, località Barone and Masseria Parasacco-Fontana pilone (Volpe 1990, 144).

After a pause of almost twenty years research resumed in the territory of Melfi in 2000 and 2001. In two areas, previously unexplored, emergency excavations were undertaken and recovered traces of Neolithic activity (Natali 2003, 90 and 82). Two new settlements were thus discovered and excavated at Serra dei Canonici and Valle Messina (Nava 2003). In 2003 Natali, the director of excavations at Valla Messina, studied the structural remains and contexts of both sites and published the initial findings from the settlements (Natali 2003).

Natali emphasized that for these sites, such as those settlements on the right bank of the Ofanto a little more than two kilometres away, most of the evidence pointed to the early Neolithic with hand-made ceramics (phase II and III of Rendina) and with only sparse traces from the late Neolithic (Natali 2003, 81-82). At Serra dei Canonici in particular, the fourteen trenches excavated showed consistent traces of Neolithic presence. Among these, a structure, probably a habitation, dating to the very beginning of the settlement (phase II) was found, as well as a bell-silo and a small channel of the same age. Unfortunately most of the structures from this Neolithic village appear to have been destroyed by the construction on the top of the hill of a Roman villa from the Republican period and further building in the 3rd century AD (Nava 2003 78; Natali 2003, 90-91; Nava-Cracolici-Fletcher 2005, 212-215; Nava 2005).

Molto prossima alla villa, venne individuata una necropoli romana –destinata a scomparire parzialmente in seguito alla costruzione dell'incrocio dell'asse stradale Bradanica con la via rapida Melfi-Potenza- le cui sepolture più antiche erano riferibili all'epoca di Vespasiano, e le più tarde databili alla metà del III secolo d.C. (Klein-Andreau 1980, 356-358; Volpe 1990, 144).

G. Volpe nella sua già citata opera *La Daunia nell'età della romanizzazione*, oltre ad indicare i siti appena illustrati, dove le evidenze erano state esaminate mediante attività di scavo, segnalava altre quattro località dell'agro melfitano interessate da resti di strutture, murature in *opus incertum,* frammenti ceramici riferibili ad un'arco di tempo compreso tra gli inizi dell'epoca romana e l'età tardo antica, di cui si era avuta conoscenza tramite ricognizioni o segnalazioni di storici:le contrade Leonessa II e Leonessa III, località Barone e Masseria Parasacco-Fontana pilone (Volpe 1990, 144).

Dopo una pausa durata un ventennio, la ricerca riprese nel territorio melfitano negli anni 2000 e 2001, in due aree, precedentemente mai interessate da attività di scavo, -ed in entrambi i casi a causa di interventi di emergenza (Natali 2003, 90 and 82) – dove vennero recuperate nuove tracce di frequentazione neolitica: due nuovi insediamenti vennero individuati e scavati nelle località di Serra dei Canonici e Valle Messina. (Nava 2003). Nel 2003 la dott.sa Natali, che fu direttrice dello scavo di Valla Messina e studiò i materiali ed i contesti strutturali di entrambi i siti, pubblicava una presentazione degli insediamenti e i risultati delle prime analisi (Natali 2003).

L'archeologa sottolineava come in entrambi gli insediamenti, situati sulla riva destra dell' Ofanto a poco più di due chilometri l'uno dall'altro, le maggiori evidenze fossero riferibili al Neolitico antico a ceramica impressa (fasi II e III del vicino sito di Rendina) e scarse tracce attestassero una frequentazione anche nel tardo Neolitico (Natali 2003, 81-82). In particolare, a Serra dei Canonici quattordici saggi investigativi permisero di recuperare consistenti tracce della frequentazione neolitica, tra cui i resti di una struttura abitativa riferibile al momento iniziale dell'insediamento (fase II), e un silos a campana ed un piccolo fossato-canale della stessa epoca; purtroppo le strutture del villaggio neolitico –che doveva essere molto esteso- furono intaccate e, in alcuni casi, parzialmente sconvolte dall'impianto successivo, sulla sommità della collina, di una villa di età repubblicana e di altre costruzioni del I-II secolo d.C., successivamente interessate da indagini di scavo (Nava 2003 78; Natali 2003, 90-91; Nava-Cracolici-Fletcher 2005, 212-215; Nava 2005).

At Valle Messina the excavation concerned a village attributed to the second phase of the Late Neolithic on the top of a hill and encircled by a ditch. This settlement demonstrated later changes. In particular the ditch, excavated at various points, later lost its original function and was used for two tombs as well as showing evidence of a hut from the third phase (Nava 2003, 78; Natali 2003, 82-90; Salvadei 2003).

The remains of a hut containing hand-made ceramics, incised and painted in red and white, were also found at the base of the hill of Valle Messina. The hypothesis proposed on the basis of the ceramics was that the settlement had moved down the hill during the middle Neolithic (Nava 2003, 78-79).

A Valle Messina lo scavo ha interessato l'impianto di un villaggio attribuibile alla II fase del Neolitico antico, posto sulla sommità di una collina e circondato da un grande fossato di recinzione (fig. 13). L'insediamento mostrava di aver cambiato assetto successivamente: il fossato, esplorato in diversi tratti, aveva evidentemente perso la sua funzione originaria, in quanto accoglieva due sepolture e resti di una capanna riferibili alla III fase (Nava 2003, 78; Natali 2003, 82-90; Salvadei 2003).

Tracce di una capanna con resti di ceramica impressa, graffita e dipinta in bianco e rosso vennero poi rinvenuti anche alla base della collina di Valle Messina: l'ipotesi che venne avanzata in base agli studi dei rinvenimenti ceramici fu che l'abitato si fosse spostato più in basso durante il Neolitico medio (Nava 2003, 78-79).

## 2.3 Ripacandida

Ripacandida, a town in the mountainous area of north-eastern Lucania in the Melfese region, is placed on an isolated and naturally protected height about 10 kilometres south-east of Melfi (fig. 14).

[After a phase of radical restructuring at the settlement, which consists of some sources of information based upon ceramics from the 7th century BC, the Archaic settlement protected itself with a fortified structure that dates from the 6th century BC] (Ciriello 2002, 51).

Most of our information is, naturally enough, based on archaeological work carried out under the supervision of the Archaeological Superintendency. In recent decades, however, the territory of Ripacandida underwent some exploration, as occurred in other parts of the region, as much as a century before the institution of the Superintendency of Basilicata. Thus, well before regular excavations had a beginning in the 20th century, there were tentative exploratory excavations. Between 1856 and 1857, in fact, these investigations were characterized as "per scavo fortuito" in the wooded area to the south of the town [at the site of Il Tesoro].

## 2.3 Ripacandida

Ripacandida, cittadina situata nell'area montuosa nord-lucana del distretto del Melfese, è posta su di un'altura isolata, dunque naturalmente protetta, antistante Melfi (fig. 14).

"Dopo una fase di radicale ristrutturazione dell'insediamento, di cui costituiscono documentazione alcuni pozzi dove sono stati rinvenuti materiali ceramici dell'VIII sec. a.C., l'insediamento arcaico si presenta protetto da una struttura fortificata che si data al VI sec. a.C." (Ciriello 2002, 51).

Queste considerazioni conseguono alle attività di scavo svolte sotto la supervisione della Soprintendenza, ma anche il territorio di Ripacandida venne esplorato, come d'altronde accadde anche per molti altri in tutta la regione, già un secolo prima dell'istituzione della Soprintendenza della Basilicata, dunque prima che avesse inizio un'attività di scavo regolare; tra il 1856 ed il 1857, infatti, vennero individuati "per scavo fortuito" "nel luogo detto Il Tesoro", nell'area boscosa a sud dell'abitato, i resti di un insediamento che si ritenne

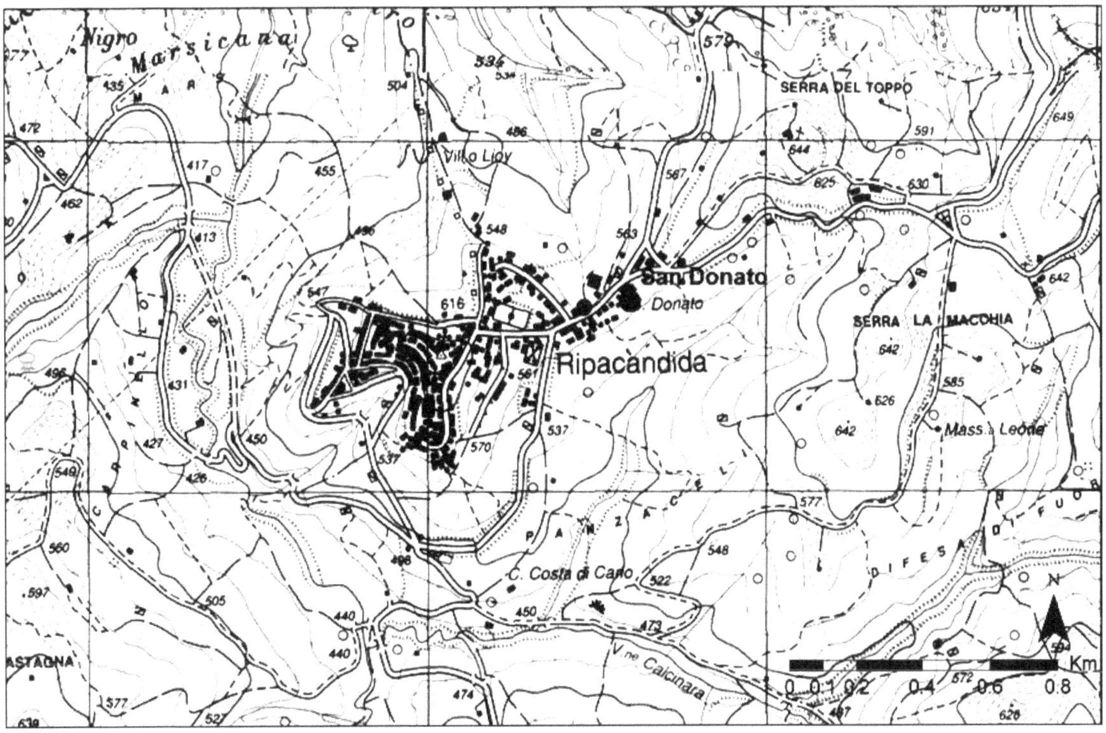

Fig. 14: Archaeological sites in the Ripacandida area

Here the remains of a settlement dating to the Imperial period were said to have been found (Lacava 1889, 230).

The announcement of this site in the territory of Melfi, introduced as the excavation of a *pars rustica* of a villa from the Imperial period and said to be in the area of Leonessa and called "Il Tesoro", may have been mistaken. It seems probable that this statement by Lacava refers, in fact, to the Leonessa site to the north of Melfi. Lacava may have believed that the territory of Ripacandida was much greater (including Leonessa to the north) or he may have simply erroneously attributed to "Il Tesoro" to the territory of Ripacandida rather than to that of Melfi. No evidence of a fortuitous discovery of a Roman villa such as described by Lacava has been found in the Ripacandida area.

Even so, Lacava, in his communication to La notizia alla Reale Accademia dei Lincei in 1889, described in detail the still visible remains of the building: part of a pavement [made with blocks of rectangular and triangular marble and arranged geometrically], clay slabs [in column, perhaps of *suspensurae*] that suggested an ancient baths. In the same article, Lacava indicated the discovery, during survey in the area [at the foot of the hill] and to the north-east, of the grave goods in [various chamber tombs made in antiquity] (Lacava 1889, 230; cfr. iBottini 2001, 180).

In another publication of the same year, Lacava describes the "Antiquities of Ripacandida" as including the remains of an ancient bridge of many arches over the Ripacandida stream, the remains of some tombs at Barile, and more research at contrada Tesoro. This included more detailed descriptions of buildings and the objects recovered in the excavations, as well as a new description of the grave goods from the tombs that he attributes to 'the Roman and Pre-Roman period'. He also mentions the remains of an ancient rectangular edifice approximately one kilometre from the town that was said to have been constructed in *opus incertum* (Lacava 1889b).

The 'broken bridges' mentioned by Lacava were later described in detail by G. Catenacci, who in 1968 published an accurate and thorough account in *"Un viadotto romano sulla fiumara di Ripacandida"* (Catenacci 1968).

essere databile all'età imperiale (Lacava 1889, 230).[18]

Fu, in seguito, il dott. M. Lacava, a comunicare la notizia alla Reale Accademia dei Lincei, con un suo contributo, nel 1889, descrivendo dettagliatamente i resti dell'edificio ancora visibili: parte di un pavimento "formato con lastrine di marmo a rettangoli ed a triangoli, disposte geometricamente", lastre di rivestimento, un mattone "di colonnina fittile, forse di *suspensurae"* che lo portarono ad attribuire tali resti ad un antico edificio termale.

Nello stesso contributo il dott. Lacava indicava l'individuazione, durante attività di ricerca da lui stesso effettuate "alle falde del colle" verso nord- est, di resti di corredi tombali dentro "varie grotte sepolcrali rifugate in antico" (Lacava 1889, 230; cfr. iBottini 2001, 180).

In una sua pubblicazione dello stesso anno includeva un capitolo dedicato alle "Antichità di Ripacandida", elencando vari ritrovamenti: avanzi di "un ponte antico a molte arcate" sulla fiumara di Ripacandida; resti di alcune tombe in agro di Barile; un approfondimento sulle ricerche di contrada Tesoro, con descrizioni ricche di maggiori dettagli sia degli avanzi dell'edificio che degli oggetti rinvenuti presso lo scavo; una nuova descrizione delle grotte contenenti oggetti di corredi tombali che attribuisce genericamente ad "epoca romana e preromana"; gli avanzi di un "antico edifizio di forma quadrata", a circa un chilometro dalla cittadina, che diceva essere costruito in *opus incertum* (Lacava 1889b).

Dei "ponti rotti" menzionati dal dott. Lacava forniva maggiori elementi il prof. G. Catenacci, che pubblicò nel 1968 un'opera contenente uno studio accurato a riguardo: *"Un viadotto romano sulla fiumara di Ripacandida"* (Catenacci 1968).

---

[18] Cfr. in Lacava 1889, p. 230. Ci appare doveroso fare una considerazione riguardo a questa segnalazione antica: nell'analisi delle pubblicazioni delle attività di scavo svoltesi nel territorio di Melfi, appena presentata, segnaliamo il ritrovamento e lo scavo della *pars rustica* di una villa di epoca imperiale, rinvenuta in una località dell'area di Leonessa, denominata 'Il Tesoro' –cfr. p. 45 e relative note-; ci sembra probabile che questa menzione del Lacava si riferisca al medesimo rinvenimento, ipotizzando che l'agro di Ripacandida fosse, all'epoca degli scritti, molto più esteso, o che lo storico attribuì erroneamente la località Il Tesoro all'agro di Ripacandida piuttosto che a quello di Melfi. Nessuna menzione di uno scavo fortuito così antico nella suddetta località è stata, tuttavia, riscontrata nelle pubblicazioni dell'attività archeologica dell'agro melfitano.

No further research was carried out until that undertaken by the Superintendency when Bottini, in 1977, directed [a brief campaign of excavation, necessitated by the need to acquire data for the legal protection of the site] (Bottini 1978, 150). As a result, at San Donato a settlement was discovered protected by a large defensive structure, inside which were concentrated a number of huts with many post-holes and narrow drainage channels. Against the settlement wall at one point was a group of three tombs "a fossa" with the dead in the crouched position, one overlapping to the other, of which the oldest dated to the second half of the 6$^{th}$ century BC. The pottery found among the huts included material dated from the mid 5$^{th}$ to the 4$^{th}$ century BC. To support his proposed chronology, Bottini pointed out one tomb which [contained an Attic Black-Figure *cup-skyphos* made late in the Black-Figure style] (Bottini 1978, 151).

In a later publication Bottini emphasized the importance of two artefacts from one of the tombs, that of tomb 82: a bronze belt [of a very rare type... associated with an Apulian-Corinthian helmet, the eleventh found in the Melfese, than confirms this as a very popular area for this particular class] (Bottini 1984, 453; cfr. Bottini 1983b).

Le successive ricerche vennero effettuate da archeologi funzionari della Soprintendenza : il dott. Bottini diresse nell'estate del 1977 " una breve campagna di scavo, originata dalla necessità di acquisire dati per la tutela giuridica del sito" (Bottini 1978, 150).

In Contrada San Donato venne allora individuato un' insediamento protetto da una grande struttura difensiva, e nei suoi pressi numerose tracce di un gruppo di capanne - fori per l'imposta dei pali, canaletti di scolo...-; addossate alla cinta muraria, vennero rinvenute e scavate un gruppo di tre tombe del tipo a fossa, con deposizione rannicchiata, l'una sovrapposta all'altra, delle quali la più antica ne fa risalire la costruzione alla seconda metà del VI secolo a.C. , mentre i materiali ceramici raccolti nei pressi dell'abitato sono riferibili ad un arco di tempo compreso tra il pieno V secolo a.C. ed il IV sec. a.C.

Ad avvalorare questa ricostruzione cronologica il dott. Bottini indica il confronto con una sepoltura in cui " è contenuto un *cup-skyphos* attico a figure nere della più tarda e corrente produzione in tale tecnica" (Bottini 1978, 151).

In una pubblicazione successiva lo stesso archeologo sottolineava l'importanza di due elementi di corredo di una tomba, la n. 82: un cinturone in lamina di bronzo "di tipo assai raro(...) associato ad un elmo apulo-corinzio, l'undicesimo noto dal Melfese, che si conferma così come la zona di massima frequenza di questa particolare classe" (Bottini 1984, 453; cfr. Bottini 1983b).

Fig. 15: Jug with geometric decoration from tomb 46 from the necropolis of Ripacandida (from Tagliente 1996, 44)

In the same context Bottini excavated two wells which contained various examples of Geometric pottery: monochrome, Iapygian protogeometric, Daunian I subgeometric, bichrome, and pottery of the "Ruvo style".[19] This evidence of importation of ceramics and local production suggests the probable existence of other phases preceding that of the excavated settlement (Bottini 1978; Bottini 1978b; Bottini 1978c; Bottini 1980; Ciriello 1981; Pontrandolfo Greco 1982). [In this area, one must at least note the presence of a large biconical olla of the Iapygian-Enotrian type, with typical decoration with so-called tenda decoration inside stretches of bands and threads, one of very few examples in this area, in which the attestations of Early Iron Age are still insufficient and completely fragmentary] (Bottini 1978c, 16).

The vast majority of the ceramics found – to which Bottini refers in general terms as dateable to between the 8th and 7th-6th centuries BC (Bottini 1980, 315) – and considering the absolute absence of any stratigraphy in the deposit, as well as the presence of carbon residue and burnt material, suggests that the filling of the wells occurred at a singular discrete moment [perhaps during one of those occasions of radical restructuring of the settlement which seem to have occurred at numerous sites in indigenous Basilicata right at the beginning of the Archaic period] (Bottini 1980, 315).

In the 1982 new excavations began in the area. These were of greater breadth and supplied much more information about the co-existence, in one same area, of ancient settlement and a necropolis. Bottini reported the use of the zone from the second half of the 7th century to the 5th century BC, based largely upon the excavation of some small concentrations of tombs of the "a fossa" type (fig. 15) (Bottini 1983). Further evidence from the site seemed to document [the usual transition to a type of organisation and diverse cultural depth]. Thereafter and towards the end of the 5th century BC the necropolis ceased to be used, and in 4th century BC some houses were built over the tombs with foundations constructed over the slabs covering the tombs, though these did not continue much into the following century (Bottini 1983; cfr. Bottini 1985; Bottini 1986b).

Nello stesso contesto vennero scavati due pozzi, il cui contenuto -ceramiche geometriche varie: monocrome, del protogeometrico japygio e del subgeometrico "daunio I"; bicrome, del c.d. "stile di Ruvo"[20], sia di importazione che di produzione locale- fece ritenere probabile l'esistenza di altre fasi precedenti dell'abitato, non direttamente raggiunte (Bottini 1978; Bottini 1978b; Bottini 1978c; Bottini 1980; Ciriello 1981; Pontrandolfo Greco 1982).

"In questo quadro, va citata almeno la presenza di una grossa olla biconica del tipo Enotrio-japigio, con la tipica decorazione a tenda all'interno di un'ampia sintassi a bande e filetti, uno dei pochissimi esemplari noti in quest'area, in cui le attestazioni della prima età del Ferro sono ancora scarse e del tutto frammentarie" (Bottini 1978c, 16).

La grande varietà delle tipologie ceramiche rinvenute, - che lo stesso Bottini in una pubblicazione precedente a quella sopra citata dice essere "databili in generale fra VIII e VII- VI sec. a.C." (Bottini 1980, 315) - considerata anche l'assoluta mancanza di successione stratigrafica, e data la presenza di una consistente quantità di residui carboniosi, fece giungere alla conclusione che il riempimento dei pozzi fosse avvenuto in un unico momento, "forse in occasione di una di quelle radicali ristrutturazioni degli abitati che sembrano interessare numerosi centri della Basilicata indigena proprio agli inizi della fase arcaica" (Bottini 1980, 315).

Nel 1982 vennero organizzati nuovi interventi in quest'area, di più ampio respiro, i quali fornirono elementi validi a confermare la coesistenza, in una stessa area, di un antico abitato e di una necropoli: il dott. Bottini accertò l'utilizzo della zona per un arco di tempo compreso tra la seconda metà del VII e il V secolo a.C., grazie agli scavi di piccoli nuclei di sepolture a fossa (fig. 15) (Bottini 1983); successivamente le vicende del sito sembrarono documentare "la consueta transizione ad un tipo di realtà organizzativa e culturale profondamente diversa" poiché verso la fine del V secolo a.C. la necropoli cessò di essere usata, e nel IV secolo a.C. si sovrapposero con molta probabilità alcune abitazioni su fondazioni a secco, impostate sulle coperture delle tombe, che tuttavia non sopravvissero di molto al secolo successivo (Bottini 1983; cfr. Bottini 1985; Bottini 1986b).

---

[19] For the classification of these types of pottery: De Juliis 1978.

[20] Si veda, per lo studio e la classificazione di queste tipologie ceramiche: De Juliis 1978.

In 1984 Bottini continued excavations at the necropolis, finding some 40 tombs ("a fossa") [often lined with stone and containing a wooden casing, with the deposition in the crouched position] (Bottini 1985b, 501). These were datable to a period stretching from the end of the 7th century onwards and contained typical subgeometric pottery from central-north Basilicata (Bottini 1985b).

One of these tombs, that of a female, contained a necklace [with enormous pieces of amber[21] and a bronze pendant in the figure of a ram] (Bottini 1987, 10-12).

Also in territory of Ripacandida, the archaeologist G. Volpe identified two areas by survey: Località la Veglia e Località Serra Castagna, along a track that connected Venosa to Ginestra, Ripacandida and Atella. Both sites were at least 25 m. in diameter and had ceramic evidence on the surface, suggesting small sites dateable to the mid to late Republican period (Volpe 1990).

The archaeological documentation of sites in Lavello and Melfi in the Daunian zone, and that of Ripacandida in the Lucanian zone, is well represented and explained in the material displayed at the Museum of the Melfese at the Norman Castle of the city of Melfi (Ciriello 2002).

Nel 1984 fu sempre il dott. Bottini ad approfondire gli scavi delle necropoli, riportando alla luce un'altra quarantina di tombe a fossa, "spesso foderate di pietra e contenenti una cassa di legno, a deposizione monosoma in posizione rannicchiata",databili fra avanzato e fine VII secolo a.C., che restituirono ancora la tipica ceramica sub-geometrica della Basilicata centro-settentrionale (Bottini 1985b).

Una di queste deposizioni, tra quelle femminili, restituì una collana "con enormi vaghi d'ambra[22] ed un pendaglio in bronzo a figura di ariete" (Bottini 1987, 10-12).

Anche in territorio di Ripacandida, infine, l'archeologo G. Volpe segnalò due aree, Località la Veglia e Località Serra Castagna poste lungo un trattturo che collegava Venosa a Ginestra, Ripacandida ed Atella, entrambe con un diametro di circa 25 m., dove si rinvennero frammenti ceramici in superficie, probabilmente riferibili a modesti insediamenti rurali di epoca medio e tardo-repubblicana (Volpe 1990).

La documentazione archeologica dei siti sia di Lavello e di Melfi –area daunia- che di Ripacandida –area nord lucana- è esposta nella sua grande maggioranza al Museo del Melfese, presso il Castello normanno-svevo-angioino della città di Melfi (Ciriello 2002).

---

[21] Soprintendenza per i Beni Archeologici della Basilicata (a cura di) *Magie d'ambra. Amuleti e gioielli della Basilicata antica,* Lavello 2005; F.Fiorile, *Presenza e scomparsa dell'ambra in Lucania tra antichità e medioevo,* Potenza 2004.

[22] Non essendo questa la sede per una dettagliata esposizione degli studi inerenti la documentazione archeologica, si segnalano a riguardo: Soprintendenza per i Beni Archeologici della Basilicata (a cura di) *Magie d'ambra. Amuleti e gioielli della Basilicata antica,* Lavello 2005; F.Fiorile, *Presenza e scomparsa dell'ambra in Lucania tra antichità e medioevo,* Potenza 2004.

## *Specific Bibliography*

### 3.1 Lavello

**Lacava 1889:** M. Lacava, *Lavello: Antico pozzo sepolcrale trovato nei pressi del paese* , in "*Notizie degli Scavi di Antichità*", vol. *VII*, 1889, Roma 1889, pp. 137-138;

**Lacava 1889b:** M. Lacava, *Del sito dell'antica Siri, degli avanzi delle sue terme...ed altri luoghi antichi, (da scavi eseguiti nel 1888),* Potenza 1889, pp. 51-55;

**Lacava 1891:** M. Lacava, *Pozzo funereo o grotta di Lavello*, in M. Lacava *Topografia e storia di Metaponto*, Napoli 1891, pp. 355-357;

**Dall' Osso 1915:** I. Dall'Osso, *Gaudiano di Lavello, Cretaglie neolitiche della media valle dell'Ofanto*, in "*Notizie degli scavi di antichità*", 1915, p. 55;

**Ferri 1929:** S. Ferri, *La prothesis apula di Lavello* in "*Historia*", anno *III*, ottobre-dicembre 1929, pp. 673-682;

**Galli 1929:** E. Galli, *L'askos Catarinella*, in "*Il Folklore Italiano*", anno IV, gennaio marzo 1929, p. 100 ss.;

**Valente 1950:** C. Valente, *Notizie scavi: Lavello*, in "*Atti dell' Accademia Nazionale dei Lincei*", estratto vol. 3, 1949, Roma 1950, p. 107;

**Di Chicco 1954:** A. Di Chicco, *Lavello dagli albori preromani alla formazione medievale*, Napoli 1954, pp. 1-8;

**Adamesteanu 1965:** D. Adamesteanu, *La documentazione archeologica in Basilicata*, in *Atti Taranto IV*, 1964, Napoli 1965, p. 139;

**Hermann 1966:** W. Hermann, *Archaologische Grabungen und Funde im Bereich der Suprintendenzen von Apulien, Lucanien, Calabrien und Salerno von 1956 bis 1965*, AA, 1966, p. 307;

**Adamesteanu 1967:** D. Adamesteanu, *L'attività archeologica in Basilicata*, in *Letteratura e arte figurata nella Magna Grecia, Atti Taranto VI*, 1966, Napoli 1967, p. 259;

**Adamesteanu 1967b:** D. Adamesteanu, *Lavello (Potenza). Rinvenimenti nella necropoli*, in "*Bollettino d'Arte*", anno LII, I, 1967, p. 45;

**Torelli 1969:** M. Torelli, *Contributi al supplemento CIL IX*, in "*Rendiconti dell'Accademia dei Lincei*", 8 s., 24, 1969, pp. 9-48;

**Moscato 1970:** M. Moscato, *Corredi tombali di Lavello. Tesi di laurea*, Università degli studi di Napoli, A.A. 1969/70;

**Adamesteanu 1971:** D. Adamesteanu, *Lavello*, in Soprintendenza alle Antichità della Basilicata (a cura di), *Popoli Anellenici in Basilicata*, Potenza 1971, pp. 129-132;

**Adamesteanu 1971b:** D. Adamesteanu, *L'attività archeologica in Basilicata*, in *Taranto nella civiltà della Magna Grecia, Atti Taranto X*, 1970, Napoli 1971, p. 472;

**Adamesteanu 1974:** D. Adamesteanu, *La Basilicata antica. Storia e monumenti*, Cava dei Tirreni 1974;

**Tocco 1974:** G. Tocco, *L'attività archeologica nella Basilicata settentrionale*, in *Metaponto, Atti Taranto XIII*, 1973, Napoli 1974, pp. 468-471;

**Tocco 1975:** G. Tocco, *L'attività archeologica nella Basilicata settentrionale*, in *Orfismo in Magna Grecia, Atti Taranto XIV*, 1974, Napoli 1975, pp. 285-288;

**Adamesteanu 1976:** D. Adamesteanu, *L'attività archeologica in Basilicata*, in *La Magna Grecia nell'età Romana, Atti Taranto XV*, 1975, Napoli 1976, p. 529;

**Cipolloni 1976:** M. Cipolloni, *Dal Neolitico alla prima età del Ferro*, in G. Tocco, (a cura di) *Civiltà antiche del medio Ofanto*, Napoli 1976, p. 14;

**Tocco 1976:** G. Tocco, *L'età del Ferro e la cultura daunia*, in G. Tocco, (a cura di) *Civiltà antiche del medio Ofanto*, Napoli 1976, pp. 17-19;

**Tocco 1976b:** G. Tocco, *Gli effetti dell'espansione lucana*, in G. Tocco, (a cura di) *Civiltà antiche del medio Ofanto*, Napoli 1976, pp. 23-25;

**Bottini 1976:** A. Bottini, *Aspetti culturali del IV secolo a.C.*, in G. Tocco, (a cura di) *Civiltà antiche del medio Ofanto*, Napoli 1976, pp. 26-29;

**Greco 1977:** G. Greco, *Antefisse gorgoniche da Lavello*, in "*Rendiconti dell'Accademia di Napoli*" n. 52, 1977, pp. 131-146;

**Bottini 1978:** A. Bottini, *La Ricerca archeologica nel Melfese*, in *Magna Grecia Bizantina e tradizione classica. Atti Taranto XVII*, 1977, Napoli 1978, pp. 433-435;

**Bottini 1978b:** A. Bottini, *Scoperte nel Melfese*, in "*Magna Graecia. Rivista di archeologia-storia-arte-attualità*", n. 3/4, marzo-aprile 1978, pp. 15-16;

**Bottini 1978c:** Bottini, *Lavello (Potenza)*, in "*Studi Etruschi*", vol. *XLVI*, Firenze 1978, p. 550;

**Tocco 1978:** G. Tocco, *La Basilicata nell'età del Ferro*, in Istituto Italiano di Preistoria e Protostoria (a cura di) *Atti della XX Riunione scientifica*, 1976, Firenze 1978, pp. 106-108;

**Cipolloni Sampò 1979:** M. Cipolloni Sampò, *Il Bronzo finale in Basilicata*, in Istituto Italiano di Preistoria e Protostoria (a cura di) *Atti della XXI Riunione scientifica*, 1977, Firenze 1979, p. 492;

**Cipolloni Sampò 1980:** M. Cipolloni Sampò, *Le comunità neolitiche della valle dell'Ofanto: proposta di lettura di un'analisi territoriale*, in *Attività archeologica in Basilicata, 1964-1977. Scritti in onore di Dinu Adamesteanu*, Matera 1980, pp. 283-303;

**Bottini 1980:** A. Bottini, *L'area melfese dall'età arcaica alla romanizzazione (VI-III sec. a.C.)*, in *Attività archeologica in Basilicata, 1964-1977. Scritti in onore di Dinu Adamesteanu*, Matera 1980, pp. 313-334;

**Bottini 1980b:** A. Bottini, *Scavi e ricerche nel Melfese*, in *Epos greco in Occidente, Atti Taranto XIX*, 1979, Taranto 1980, pp. 420-422;

**Bottini 1980c:** A. Bottini, *1979: scavi e ricerche nel Melfese*, in "*Magna Graecia. Rivista di archeologia-storia-arte-attualità*", n. 5/6, maggio-giugno 1980, p. 18;

**Bottini 1981:** A. Bottini, *L'area Melfese: Banzi e Lavello*, in *Siris e l'influenza ionica in Occidente, Atti Taranto XX*, 1980, Taranto 1981, pp. 344-347;

**Ciriello 1981:** R. Ciriello, *Le più recenti scoperte archeologiche nel riallestimento del Museo del Melfese*, in "*Magna Graecia. Rivista di archeologia-storia-arte-attualità*", n. 3/4, marzo-aprile 1981, pp. 24-26;

**Bottini 1981b:** A. Bottini, *Lavello (Potenza)* in "*Studi Etruschi*", estratto vol. XLIX, Firenze 1981, pp. 480-481;

**Pontrandolfo 1982:** A. Pontrandolfo Greco, *I Lucani. Etnografia e archeologia di una regione antica*, Milano 1982, pp. 50-56; 150-151;

**Lattanzi 1982:** E. Lattanzi, *L'attività archeologica in Basilicata nel 1981*, in *Megale Hellas, Atti Taranto XXI*, 1981, Taranto 1982, pp. 260-261;

**Bottini 1982:** A. Bottini, *Il Melfese fra VII e V sec. a.C.*, in "*Dialoghi di Archeologia*", anno 4, 1982, pp. 152-160;

**Bottini 1982b:** A. Bottini, *Principi Guerrieri della Daunia del VII secolo. Le tombe principesche di Lavello*, Bari 1982;

**Bottini 1983:** A. Bottini, *Cinturoni a placche dall'area melfese*, in "*Annali del seminario di studi del mondo classico*", vol. V, Napoli 1983, pp. 31-63;

**Bottini 1984:** A. Bottini, *La documentazione archeologica nel Melfese*, in *La civiltà dei Dauni nel quadro del mondo Italico, Atti Manfredonia XIII*, 1980, Firenze 1984, pp. 27-33;

**Bottini 1985:** A. Bottini, *Attività della Soprintendenza in Basilicata*, "*Magna Graecia. Rivista di archeologia-storia-arte-attualità*", n. 1/2, gennaio-febbraio 1985, p. 20;

**Bottini 1985b:** A. Bottini, *Recenti scavi nel Melfese*, in "*Profili della Daunia Antica*", I° ciclo di conferenze sulle più recenti campagne di scavo, 1985, Foggia 1985, pp. 134-156;

**Soprintendenza Basilicata 1985:** Soprintendenza Archeologica della Basilicata (a cura di) *Archeologia di un centro Daunio: Forentum- Lavello. Mostra documentaria permanente*, Lavello 1985, 35 p.;

**Bottini 1986:** A. Bottini, *Attività della Soprintendenza in Basilicata*, in "*Magna Graecia. Rivista di archeologia-storia-arte-attualità*", n. 3/4, marzo-aprile 1986, pp. 15-16;

**Di Chicco 1986:** A. Di Chicco, *Insediamenti sull'Olivento in territorio di Lavello*, Lavello 1986, 15 p.;

**Bottini-Tagliente 1986:** A. Bottini, M. Tagliente, *Forentum ritrovato*, in "*Bollettino Storico della Basilicata*", n. 2,1986, Roma 1986, pp. 65-76;

**Bottini 1986b:** A. Bottini, *Lavello*, in *Le rassegne archeologiche in Basilicata*, estratto da *Neapolis, Atti Taranto XXV*, 1985, Napoli 1986, pp. 462-466;

**Bottini-Cipolloni Sampò 1986:** A. Bottini, M. Cipolloni Sampò, *Scavi e scoperte. Lavello*, in "*Studi Etruschi*", estratto vol. LII, 1984, Roma 1986, pp. 47-475 e 479-480;

**Bottini 1986d:** A. Bottini, *Il mondo indigeno della Basilicata nel VII sec. a.C.*, in *Siris-Polieion. Incontro studi Policoro*,1984, Galatina 1986, pp. 157-166;

**Bottini 1987:** A. Bottini, *L'attività archeologica in Basilicata*, in "*Magna Graecia. Rivista di archeologia-storia-arte-attualità*", n. 3/4, marzo-aprile 1987, pp. 19-20;

**Bottini 1987b:** A. Bottini, *L'attività archeologica in Basilicata nel 1986. L'area melfese ed il problema della romanizzazione*, in *Lo stretto crocevia di culture, Atti Taranto- Reggio Calabria XXVI*, 1986, Taranto 1987, pp. 682-685;

**Bottini 1987c:** A. Bottini, *Uno straniero e la sua sepoltura: la tomba 505 di Lavello*, in A.M. Bietti Sestieri, A. Greco Pontrandolfo, N. Parise (a cura di) *Archeologia e Antropologia. Contributi di preistoria e archeologia classica*, Roma 1987, pp. 59-68;

**Rosucci 1987:** A. Rosucci, *La villa romana denominata Casa del diavolo in agro di Lavello*, in V. A. Sirago, G.

Luisi, A. Rosucci, A. Giganti, M. Marotta, F. S. Lioi (a cura di) *Studi Storici della Basilicata*, Bari 1987, pp. 47-82;

**Cipolloni Sampò 1987:** M. Cipolloni Sampò, *Aspetti e problemi della cronologia del Neolitico antico in Italia Meridionale: l'insediamento Neolitico sull'Olivento (valle dell'Ofanto- Basilicata)*, in Istituto Italiano di Preistoria e Protostoria (a cura di) *Atti della XXVI Riunione Scientifica, vol. II*, 1985, Firenze 1987, pp. 697-704;

**Cipollini Sampò 1987b:** M. Cipolloni Sampò, *Manifestazioni funerarie e struttura sociale*, in "Scienze dell'Antichità", I, pp. 55-119;

**Bianco-Cipolloni Sampò 1987:** S. Bianco, M. Cipolloni Sampò, *Il Neolitico della Basilicata settentrionale*, in Istituto Italiano di Preistoria e Protostoria (a cura di) *Atti della XXVI Riunione Scientifica, vol. I*, 1985, Firenze 1987, pp. 303-312;

**Bottini 1988:** A. Bottini, *L'attività archeologica in Basilicata*, in "Magna Graecia. Rivista di archeologia-storia-arte-attualità", n. 3/4-5/6, marzo-giugno 1988, p. 4;

**Bottini 1988b:** A. Bottini, *Lavello: L'apporto degli scavi più recenti*, in "Profili della Daunia Antica", III° ciclo di conferenze sulle più recenti campagne di scavo, 1987, Foggia 1988, pp. 57-64;

**Bottini 1988c:** A. Bottini, *L'attività archeologica in Basilicata-1987*, in *Poseidonia-Paestum. Atti Taranto XXVII*, 1987, Taranto 1988, pp. 678-681;

**Tagliente 1988:** M. Tagliente, *L'acropoli di Forentum*, in B. Mundi, A. Gravina (a cura di) *VII° Convegno sulla Preistoria Protostoria-Storia della Daunia, Atti San Severo*, 1985, San Severo 1988, pp. 47-49;

**Rosucci 1988:** A. Rosucci, *Masseria Cilenti. Ruderi di una villa rustica romana di epoca imperiale in agro di Lavello*, in "Choros. Rivista Lucana di cultura", n. 5/6, settembre 1988, pp. 250-258;

**Giorgi-Martinelli-Osanna-Russo 1988:** M. Giorgi, S. Martinelli, M. Osanna, A. Russo, *Forentum I. Le necropoli di Lavello*, Venosa 1988;

**Cipolloni Sampò 1989:** M. Cipolloni Sampò, *L'età del Bronzo nel Melfese*, in "Profili della Daunia Antica", 17, Foggia 1989, pp. 13-36;

**Carretta 1989:** M. Carretta, *Le terme romane di Casa del Diavolo*, in "Radici. Rivista lucana di storia e cultura del Vulture", n. 3, Napoli 1989, pp.107-112;

**Bottini 1989:** A. Bottini, *Il mondo indigeno nel V sec. a.C. Due studi* in "Bollettino storico della Basilicata", n 5, Roma 1989, pp. 161-180;

**Bottini 1989b:** A. Bottini, *Lavello e Banzi: i risultati dell' attività più recente*, in "Profili della Daunia Antica", V° ciclo di conferenze sulle più recenti campagne di scavo,1989, Foggia 1989, pp. 99-106;

**Tagliente 1989:** M. Tagliente, *Frammenti di stele daunie dal Melfese*, in "Bollettino d'Arte", 58, 1989, pp. 53-56;

**Bottini 1990:** A. Bottini, *Dovizioso bilancio dell' indagine archeologica in Basilicata*, in "Magna Graecia. Rivista di archeologia-storia-arte-attualità", n. 1/4, gennaio-aprile 1990, p. 20;

**Bottini 1990b:** A. Bottini, *L'attività archeologica in Basilicata-1989*, in *La Magna Grecia e il lontano Occidente, Atti Taranto XXIX*, 1989, Taranto 1990, pp. 560-562;

**Volpe 1990:** G. Volpe, *Lavello*, in G. Volpe *La Daunia nell'età della romanizzazione*, Bari 1990, pp. 150-157;

**Tagliente-Fresa-Bottini 1990:** M. Tagliente, M. P. Fresa, A. Bottini, *Relazione sull'area Daunio-lucana e sul santuario di Lavello*, in *Comunità indigene e romanizzazione, Atti accademia belgica*, Roma 1990, pp. 93-108;

**Tagliente 1990:** A. Bottini, M. P. Fresa, M. Tagliente, *L'evoluzione della struttura di un centro Daunio fra VII e III secolo: l'esempio di Forentum*, in Marcello Tagliente (a cura di) *Italici in Magna Grecia. Lingua, insediamenti, strutture*, Leukania 3, Venosa 1990, pp. 233-256;

**Fresa 1990:** M.P. Fresa, *Lavello (Potenza). Località contrada Alicandro. Un complesso abitativo di età classica*, in "Bollettino di Archeologia", 4, 1990, pp. 93-98;

**Russo 1990:** A. Russo, *Lavello- tomba 662*, in "Catalogo IX Mostra Europea del Turismo, Artigianato e Tradizioni culturali", 1990, p. 14 e ss.;

**Di Chicco 1990:** A. Di Chicco, *Precisazioni sui ruderi della "Casa del Diavolo di Lavello"*, in "Radici. Rivista lucana di storia e cultura del Vulture", n. 4, 1990, pp.137-138;

**Tagliente 1990b:** M. Tagliente, *Lavello: una rilettura dell'askos " Catarinella"* in "La parola del passato. Rivista di studi antichi", fasc. CCLII, Napoli 1990, pp. 220-231;

**Bottini-Ciriello 1990:** A. Bottini, R. Ciriello, *Lavello*, in A. Corretti (a cura di) "Bibliografia Topografica della Colonizzazione Greca in Italia e nelle Isole Tirreniche", vol. VIII, Pisa- Roma 1990, pp. 455-460;

**Bottini-Fresa 1991:** AA. VV. In A. Bottini, M.P. Fresa (a cura di) *Forentum II . L'acropoli in età classica*, Leukania 4, Venosa 1991;

**Tagliente 1991:** M. Tagliente, *Lavello (Potenza), in "Studi Etruschi", vol. LVI,* Firenze 1991, pp. 602-605;

**Ciriello-Setari-Bottini 1991:** R. Ciriello, E. Setari, A. Bottini, *Lavello ( Potenza). Località Casinetto: una tomba emergente. Nota preliminare,* in *"Bollettino di Archeologia", vol. 11-12,* 1991, pp. 201-203;

**Russo Tagliente 1991:** A. Russo Tagliente, *Tra morte culturale e rinascita: Un gruppo di vasi campani da Lavello,* in *"Bollettino D'Arte", 67,* 1991, pp. 1-18;

**Bottini 1991:** A. Bottini, *L'attività archeologica in Basilicata nel 1990,* in *I Messapi, Atti Taranto XXX,* 1990, Taranto 1991, p. 563;

**Cipolloni Sampò-Remotti 1992:** M. Cipolloni Sampò, E. Remotti, *Le sepolture collettive nel Sud Est italiano,* in *"Rassegna di Archeologia", n. 10,* 1991-92, pp. 281-285;

**Bottini 1992:** A. Bottini, *L' Apulia nel IV e III sec.,* in *"Dialoghi di Archeologia", n. 1-2, estratto,* 1992, pp. 18-20;

**Russo 1992:** A. Russo, *Le sepolture del IV sec. a.C. della necropoli di Lavello- Casinetto,* in *"Bollettino Storico della Basilicata", n. 8,* 1992, Roma 1992, pp. 31-36;

**Giorgi-Martinelli 1992:** M. Giorgi, S. Martinelli, *Lavello: la necropoli ellenistica,* in *"Bollettino Storico della Basilicata", n. 8,* 1992, Roma 1992, pp. 37-41;

**Bottini-Guzzo 1992:** A. Bottini, P.G. Guzzo, *Busti divini da Lavello,* in *"Bollettino D'Arte", vol. 72,* 1992, pp. 1-10;

**Carretta 1992:** M. Carretta, *Gaudiano,* in *"Radici. Rivista lucana di storia e cultura del Vulture", n. 11,* 1992, pp.101-108;

**Ciriello 1993:** R. Ciriello, *Il sito archeologico di Lavello-Forentum e la necropoli di Casino-Casinetto,* in Daniela Baldoni (a cura di) *Due donne dell' Italia antica. Corredi da Spina e Forentum,* Padova 1993, pp. 57-62;

**Bottini 1993:** Bottini, *La tomba 955 di Lavello-Forentum,* in Daniela Baldoni (a cura di) *Due donne dell' Italia antica. Corredi da Spina e Forentum,* Padova 1993, pp. 63-69;

**Bottini 1993b:** A. Bottini, *L'attività archeologica in Basilicata: 1992,* in *Sibari e la Sibaritide, Atti Taranto XXXII,* 1992, Taranto 1993, pp. 755-757;

**Bottini 1993c:** A. Bottini, *Coppia di Busti fittili; Testa fittile femminile,* in Ministero per i Beni Culturali e Ambientali, Soprintendenza Archeologica della Basilicata (a cura di) *Da Leukania a Lucania. La Lucania centro-orientale fra Pirro e i Giulio-Claudii,* Roma 1993, pp. 17-19; 21-22;

**Tagliente 1993:** M. Tagliente, *Il Melfese,* in Ministero per i Beni Culturali e Ambientali, Soprintendenza Archeologica della Basilicata (a cura di) *Da Leukania a Lucania. La Lucania centro-orientale fra Pirro e i Giulio-Claudii,* Roma 1993, pp. 1-3;

**Fresa 1993:** M. P. Fresa, *Lavello, Le Carrozze- tomba 675,* in Ministero per i Beni Culturali e Ambientali, Soprintendenza Archeologica della Basilicata (a cura di) *Da Leukania a Lucania. La Lucania centro-orientale fra Pirro e i Giulio-Claudii,* Roma 1993, pp. 3-15;

**Fresa 1993b:** M. P. Fresa, *Lavello, Gravetta- Santuario,* in Ministero per i Beni Culturali e Ambientali, Soprintendenza Archeologica della Basilicata (a cura di) *Da Leukania a Lucania. La Lucania centro-orientale fra Pirro e i Giulio-Claudii,* Roma 1993, pp. 16-17;

**Rainini 1993:** I. Rainini, *Lavello, Gaudiano- Antefisse gorgoniche con palmetta,* in Ministero per i Beni Culturali e Ambientali, Soprintendenza Archeologica della Basilicata (a cura di) *Da Leukania a Lucania. La Lucania centro-orientale fra Pirro e i Giulio-Claudii,* Roma 1993, pp. 23- 24;

**Di Chicco 1993:** A. Di Chicco, *L'insediamento sul Pescarello di Lavello,* in *"Radici. Rivista lucana di storia e cultura del Vulture", n. 13,* 1993, pp. 91-95;

**Rosucci 1994:** A. Rosucci, *Da Forentum a Lavello,* in *"Radici. Rivista lucana di storia e cultura del Vulture", n. 14,* 1994, pp. 5-9;

**Di Chicco 1994:** A. Di Chicco, *Storia di Lavello. Dalle origini al medioevo,* Castrovillari 1994, pp. 7-38;

**Di Chicco 1994b:** A. Di Chicco, *Dissertazione sulle origini di Lavello,* Pro Loco Lavello (a cura di), Lavello 1994;

**Catarinella 1996:** G. Catarinella, *L'antica Lavello dagli scavi del Rendina agli ultimi ritrovamenti,* in *"Basilicata Regione Notizie. Archeologia in Basilicata", n 2-3,* 1996, pp. 169-170;

**Pugliese Caratelli 1996:** G. Pugliese Caratelli, (a cura di) *Magna Grecia. Vita religiosa e cultura letteraria, filosofica, scientifica,* Verona 1996, pp. 55-57; 63-64; 65-66;

**Russo 1999:** A. Russo, *Santuari del Melfese: Lavello,* in Soprintendenza archeologica della Basilicata (a cura di) *Archeologia dell'acqua in Basilicata,* Lavello 1999, pp. 118-119;

**Gualtieri 1999:** M. Gualtieri, *Le ville del potentino: La villa di Casa del Diavolo di Lavello,* in Soprintendenza Archeologica della Basilicata (a cura di) *Archeologia dell'acqua in Basilicata,* Lavello 1999, pp. 144- 145;

PASQUALINA IOSCA

**Bottini 1999:** A. Bottini, *Lavello- zona Cimitero*, in *"Profili della Daunia Antica. Area Lucana-Sudofantina-Molisana"*, tomo *IV*, Foggia 1999, pp. 18-28;

**Bottini 1999b:** A. Bottini, *Lavello-Contrada del Casino*, in *"Profili della Daunia Antica. Area Lucana-Sudofantina-Molisana"*, tomo *IV*, Foggia 1999, pp. 28-31;

**Cipolloni Sampò 1999:** M. Cipollini Sampò, *Lavello-la tomba 743*, in *"Profili della Daunia Antica. Area Lucana-Sudofantina-Molisana"*, tomo *IV*, Foggia 1999, pp. 42-46;

**Bottini 1999c:** Bottini, *Lavello-contrada Alicandro*, in *"Profili della Daunia Antica. Area Lucana-Sudofantina-Molisana"*, tomo *IV*, Foggia 1999, pp. 46-48;

**Cipolloni Sampò 1999b:** M. Cipollini Sampò, *Ipogeismo funerario e cultuale nella Daunia meridionale*, in A. Gravina (a cura di) *XIX Convegno Nazionale sulla Preistoria-Protostoria-Storia della Daunia, Atti San Severo*, 1998, San Severo 1999, pp. 155-173;

**Cipolloni Sampò 1999c:** M. Cipolloni Sampò, *Il Neolitico*, in D. Adamesteanu (a cura di) *Storia della Basilicata. 1. L'Antichità*, Bari 1999, pp. 55-56;

**Cipolloni Sampò 1999d:** M. Cipolloni Sampò, *L'Eneolitico e l'età del Bronzo*, in D. Adamesteanu (a cura di) *Storia della Basilicata. 1. L'Antichità*, Bari 1999, pp. 67-131;

**Bianco 1999:** S. Bianco, *La prima età del Ferro*, in D. Adamesteanu (a cura di) *Storia della Basilicata. 1. L'Antichità*, Bari 1999, pp. 142-147;

**Tagliente 1999:** M. Tagliente, *La Basilicata centro settentrionale in età arcaica*, in D. Adamesteanu (a cura di) *Storia della Basilicata. 1. L'Antichità*, Bari 1999, pp. 391-418;

**Bottini 1999c:** A. Bottini, *Gli indigeni del V sec.*, in D. Adamesteanu (a cura di) *Storia della Basilicata. 1. L'Antichità*, Bari 1999, pp. 419-453;

**Rosucci 1999:** A. Rosucci, *Da Forentum a Lavello*, Lavello 1999, pp. 5-10;

**Nava 1999:** M. L. Nava, *L'attività archeologica in Basilicata*, in *Cultura Nazionale e cultura regionale: il caso della Basilicata, Atti Potenza*, 1997, Venosa 1999, p. 194;

**Nava 1999b:** M. L. Nava, *L'attività archeologica in Basilicata nel 1998*, in *Atti del XXXVIII Convegno di studi sulla Magna Grecia*, Napoli 1999, pp. 721-722;

**Montano 2000:** G. Montano, *Monografia storica della terra di Lavello*, A. Rosucci (a cura di), Lavello 2000;

**Nava 2002:** M. L. Nava, *Le più recenti scoperte archeologiche in Basilicata. ott. 2000-sett. 2001*, in Ministero per i beni e le attività culturali. Soprintendenza per i Beni archeologici della Basilicata (a cura di) *Archeologia in Basilicata "...sulle tracce del passato"*, Matera 2002, pp.21-23;

**Ciriello 2002:** R. Ciriello, *Il Melfese, luogo di incontri di popoli e culture* in R. Ciriello, N. Masini, A. Pellettieri, L. Tomay ( a cura di) *Viaggio nella Regione del Vulture. Archeologia e architettura medioevale*, Milano 2002, pp. 49-58, 64;

**Bottini 2002:** A. Bottini, *Tra Oriente e Occidente: un gruppo di recipienti metallici da Lavello*, in *"Ostraka"* 11, n. 1, 2002, pp. 81-92;

**Preite 2003:** A. Preite, *Culti della fertilità nel II millennio a. C. a Lavello*, in G. Angelini, D. Pace, E. Pica, G. Settembrino (a cura di) *"Basilicata Regione Notizie n. 104. Beni culturali in Basilicata"*, Potenza 2003, pp. 59-64;

**Soprintendenza Basilicata 2004:** AA. VV. *Forentum-Lavello; Il Santuario di Lavello- Gravetta*, in Ministero per i Beni e le Attività Culturali. Soprintendenza per i Beni Archeologici della Basilicata (a cura di) *Museo archeologico nazionale del Vulture e Melfese*, Lavello 2004;

**Soprintendenza Basilicata 2004b:** Ministero per i Beni e le Attività Culturali. Soprintendenza per i Beni Archeologici della Basilicata (a cura di) AA. VV. *Culti della fertilità nel II millennio a. C. L'ipogeo 1036 di Lavello. Catalogo della mostra*, Lavello 2004;

**Nava-Cracolici-Fletcher 2005:** M. L. Nava, V. Cracolici, R. Fletcher, *La romanizzazione della Basilicata nord-orientale tra Repubblica e Impero. Lavello: località Casa del Diavolo, Contrada Finocchiaro, zona PIP*, in A. Gravina (a cura di) *XXV Convegno Nazionale sulla Preistoria-Protostoria-Storia della Daunia, Atti San Severo*, 2004, San Severo 2005, pp. 215-218;

**Nava 2005:** M. L. Nava, *L'attività archeologica in Basilicata nel 2004*, in *Tramonto della Magna Grecia, Atti Taranto XLIV*, 2004, Taranto 2005;

**Masiello 2006:** E. Masiello, *L'antropizzazione del territorio in epoca antica e tardo antica*, in E. Masiello (a cura di) *Lavello. Storia urbana e architettonica*, Venosa 2006, pp. 71- 77;

**Nava-Cracolici-Fletcher 2006:** M. L. Nava, V. Cracolici, R. Fletcher, *Forentum-Lavello: per una carta archeologica*, in A. Gravina (a cura di) *XXVI Convegno Nazionale sulla Preistoria-Protostoria-Storia della Daunia, Atti San Severo*, 2005, San Severo 2006, pp. 134-152;

**Nava-Cracolici-Fletcher 2007:** M. L. Nava, V. Cracolici, R. Fletcher, *Osservazioni sulla topografia di Forentum-Lavello alla luce dei più recenti rinvenimenti,* in *Atti del Convegno Nazionale della archeologia della Basilicata, Venosa 10-11 maggio 2006,* 2007.

## *Articles from Newspapers:*

- *Lavello (Potenza)*, in *"Bollettino dell'associazione Nazionale Italia Nostra"*, N. 66, Roma 1969, p. 56;

- T. D' Angelo, *Le terme romane di Lavello alla casa del Diavolo*, in *"La Basilicata nel mondo"*, 1926, Matera 1983, p. 351;

- G. Settembrino, *Quanto dista un principe da un guerriero*, in *"Cronache di Potenza"*, n. 41, 15 Dicembre 1983, p. 2;

- *A Lavello una necropoli riconduce sulle tracce dell'antica Forentum*, in *"Il Tempo-Cronaca della Lucania"*, n. 154, 22 Giugno 1985, p. V;

- G. Catarinella, *Una epigrafe testimonia la romanità di Lavello*, in *"La Gazzetta del Mezzogiorno-Gazzetta Basilicata Regione"*, n. 130, 14 Maggio 1986, p. 12;

- R. Cassano, *Vere signore se ne stanno fra uomini*, in *"La Gazzetta del Mezzogiorno"*, n. 271, 5 ottobre 1993, p. 15;

- G. Catarinella, *Villa imperiale "Casa del Diavolo"*, in *"La nuova Basilicata"*, n. 46, 14 Agosto 1998, p. 27;

- *Recuperati reperti archeologici*, in *"La nuova Basilicata"*, n. 166, 20 luglio 2000, p. 17;

- *Lavello, scoperta archeologica*, in *"La nuova Basilicata"*, n. 258, 5 novembre 2000, p. 8;

- *Una tomba millenaria ritrovata durante scavi archeologici a Lavello*, in *"La gazzetta del Mezzogiorno"*, n. 300, 5 novembre 2000, p. 21;

- F. Russo, *Un parco archeologico alla Casa del Diavolo*, in *"La gazzetta del Mezzogiorno"*, 1 aprile 2003, p. 8;

- L. Ierace, *Forentum dall'abitato Dauno al municipio romano;*

- L. Ierace, *Casa del Diavolo. La straordinaria villa romana di Lavello;* in *"La Gazzetta del Mezzogiorno"*, 7 settembre 2004;

## 3.2 Melfi

**Barnabei 1882:** F. Barnabei, *Melfi*, in *"Notizie degli Scavi di Antichità comunicata alla R. Accademia dei Lincei"*, vol. *VI*, 1882, Roma 1882, pp. 381-382;

**Di Cicco 1903:** V. Di Cicco, *Melfi*, in *"Atti della R. Accademia dei Lincei, Notizie Scavi"*, vol. *IX*, 1901, Roma 1903, pp. 265-266;

**Adamesteanu 1966:** D. Adamnesteanu, *Candelabro di bronzo di Melfi*, in Società Magna Grecia (a cura di) *Atti e Memorie della società Magna Grecia*, 1965-1966, Roma 1966, pp. 199-208;

**Adamesteanu 1967:** D. Adamesteanu, *L'attività archeologica in Basilicata*, in *Letteratura e arte figurata nella Magna Grecia, Atti Taranto VI*, 1966, Napoli 1967, pp. 256-259;

**Adamesteanu 1967b:** D. Adamesteanu, *Melfi (Potenza). Necropoli in rione Chiucchiari e nella contrada Cappuccini*, in *"Bollettino d'Arte"*, I, 1967, pp. 45-46;

**Adamesteanu 1967c:** D. Adamesteanu, *Scavi e ricerche archeologiche in Basilicata*, estratto da *"Cultura e scuola"*, n. 22, 1967, pp. 175-176;

**Adamesteanu 1970:** D. Adamesteanu, *L'attività archeologia in Basilicata*, in *Atti Taranto IX*, 1969, Napoli 1970, pp. 218-219;

**Trendall 1970:** A. D. Trendall, *Archaeology in south Italy and Sicily*, 1967-1969, in British school of Archaeology at Athens (a cura di) , *Archaeological reports for 1969- 70*, 1970, p. 41;

**Kilian 1970:** K. Kilian, *Fruheisenzeitliche Funde aus der Sudostnekropole von Sala Consilina, Archaeologische Forschungen in Lukanien, III*, Heidelberg 1970, pp. 298 ss. ;

**Adamesteanu 1971:** D. Adamesteanu, *L'area Melfese*, in Soprintendenza alle Antichità della Basilicata (a cura di), *Popoli Anellenici in Basilicata*, Potenza 1971, pp. 99-103;

**Tocco 1971:** G. Tocco, *Melfi Chiuccari- Melfi Valleverde- Melfi Cappuccini- Leonessa- Pisciolo* in Soprintendenza alle Antichità della Basilicata (a cura di), *Popoli Anellenici in Basilicata*, Potenza 1971, pp. 104-128;

**Adamesteanu 1971b:** D. Adamesteanu, *L'attività archeologica in Basilicata*, in *Taranto nella civiltà della Magna Grecia, Atti Taranto X*, 1970, Napoli 1971, pp. 471-472;

**Orlandini 1972:** P. Orlandini, *Aspetti dell'arte indigena in Magna Grecia*, in *Le genti non greche della Magna Grecia, Atti Taranto XI*, 1971, Napoli 1972, pp. 285- 296;

**Adamesteanu 1972:** D. Adamesteanu, *L'attività archeologica in Basilicata*, in *Le genti non greche della Magna Grecia, Atti Taranto XI*, 1971, Napoli 1972, pp. 457-458;

**Tocco 1972:** G. Tocco, *Melfi–Pisciolo*, in *Le genti non greche della Magna Grecia, Atti Taranto XI*, 1971, Napoli 1972, pp. 461-467;

**Tocco 1973:** G. Tocco, *La seconda campagna di scavo nella necropoli del Pisciolo (Melfi)*, in *Economia e società nella Magna Grecia, Atti Taranto XII*, 1972, Napoli 1973, pp. 329-334;

**Cipolloni Sampò 1973:** M. Cipolloni Sampò, *Villaggio del Rendina: scoperta una nuova facies decorativa del neolitico italiano a ceramica impressa*, in *Actes VIII Congrès International des Sciences Préhistoriques et Protohistoriques*, Beograd 1973, vol. 2, pp. 359-367;

**Cipolloni 1974:** M. Cipolloni, *Villaggi Neolitici nella valle dell'Ofanto*, in *Metaponto, Atti Taranto XIII*, 1973, Napoli 1974, pp. 475-479;

**Adamesteanu 1974:** D. Adamesteanu, *La Basilicata antica. Storia e monumenti*, Cava dei Tirreni 1974;

**Adamesteanu 1975:** D. Adamesteanu, *Scavi e ricerche archeologiche in Basilicata*, in P. Borraro (a cura di), *Antiche Civiltà Lucane, Atti Oppido Lucano*, 1970, Galatina 1975, pp. 21-23;

**Tocco 1975:** G. Tocco, *L'attività archeologica nella Basilicata settentrionale*, in *Orfismo in Magna Grecia, Atti Taranto XIV*, 1974, Taranto 1975, pp. 287-288;

**Cipolloni 1975:** M. Cipolloni, *Nuovi dati dallo scavo del villaggio di Rendina presso Melfi*, in Istituto Nazionale di Preistoria e Protostoria (a cura di) *Atti del Colloquio Internazionale di Preistoria e Protostoria della Daunia*, Foggia 1973, Firenze 1975, pp. 137-140;

**Tocco 1975:** G. Tocco, *Scavi nel territorio di Melfi (Basilicata)*, in Istituto Nazionale di Preistoria e Protostoria (a cura di) *Atti del Colloquio Internazionale di Preistoria e Protostoria della Daunia*, Foggia 1973, Firenze 1975, pp. 334-339;

**Adamesteanu 1976:** D. Adamesteanu, *L'attività archeologica in Basilicata*, in *La Magna Grecia nell'età Romana, Atti Taranto XV*, 1975, Napoli 1976, pp. 528-529;

**Cipolloni 1976:** M. Cipolloni, *Dal Neolitico alla prima età del Ferro*, in G. Tocco, (a cura di) *Civiltà antiche del medio Ofanto*, Napoli 1976, pp.11-14;

**Tocco 1976:** G. Tocco, *L'età del Ferro e la cultura daunia*, in G. Tocco, (a cura di) *Civiltà antiche del medio Ofanto*, Napoli 1976, pp. 17 ; 20-22;

**Tocco 1976b:** G. Tocco, *Gli effetti dell'espansione lucana*, in G. Tocco, (a cura di) *Civiltà antiche del medio Ofanto*, Napoli 1976, pp. 23-25;

**Bottini 1976: A.** Bottini, *Aspetti culturali del IV secolo a.C.*, in G. Tocco, (a cura di) *Civiltà antiche del medio Ofanto*, Napoli 1976, pp. 26-29;

**Bottini 1978:** A. Bottini, *Scoperte nel Melfese*, in *"Magna Graecia. Rivista di archeologia-storia-arte-attualità", n. 3/4*, marzo-aprile 1978, pp. 15-16;

**Cipolloni Sampò 1979:** M. Cipolloni Sampò, *Il Bronzo finale in Basilicata*, in Istituto Nazionale di Preistoria e Protostoria (a cura di) *Atti della XXI Riunione scientifica*, 1977, Firenze 1979, pp. 492-493;

**Cipolloni Sampò 1980:** M. Cipolloni Sampò, *Le comunità neolitiche della valle dell'Ofanto: proposta di lettura di un'analisi territoriale*, in *Attività Archeologica in Basilicata, 1964-1977. Scritti in onore di Dinu Adamesteanu*, Matera 1980, pp. 283-303;

**Bottini 1980:** A. Bottini, *L'area melfese dall'età arcaica alla romanizzazione (VI-III sec. a.C.)*, in *Attività archeologica in Basilicata, 1964-1977. Scritti in onore di Dinu Adamesteanu*, Matera 1980, pp. 313-334;

**Klein- Andreau 1980:** C. Klein–Andreau, *Trouvailles d'epoque romaine sur le territoire de Melfi*, in *Attività archeologica in Basilicata, 1964-1977. Scritti in onore di Dinu Adamesteanu*, Matera 1980, pp. 283-303, 345-361;

**Ciriello 1981:** R. Ciriello, *Le più recenti scoperte archeologiche nel riallestimento del Museo del Melfese*, in *"Magna Graecia. Rivista di archeologia-storia-arte-attualità", n. 3/4*, marzo-aprile 1981, pp. 24-26;

**Mazzei 1981:** M. Mazzei, *Contributo per la tipologia delle fibule nella Puglia settentrionale e alcune considerazioni sulla Daunia meridionale dalla fine del V al primo quarto del IV sec. a.C.* , in *"Taras. Rivista di archeologia" I, 1981*, Galatina 1981, pp. 193-200;

**Pontrandolfo Greco 1982:** A. Pontrandolfo Greco, *I Lucani. Etnografia e archeologia di una regione antica*, Milano 1982, pp. 94-96,148-149;

**Bottini 1982:** A. Bottini, *Il Melfese fra VII e V sec. a.C.*, in *"Dialoghi di Archeologia", anno 4*, 1982, pp. 152-160;

**Bottini 1983:** Bottini, *Cinturoni a placche dall'area melfese*, in *"Annali del seminario di studi del mondo classico", vol. V*, Napoli 1983 pp. 31-53;

**Bokonyi 1983:** S. Bokonyi, 1977-82, *The Early neolithic fauna of Rendina: a preliminary report*, in *"Origini", vol. XI*, pp. 345-354;

**Borgognini Tarli 1983:** S. Borgognini Tarli, 1977-82, *Rendina- Notizie antropologiche preliminari*, in *"Origini", vol. XI*, pp. 333-336;

**Follieri 1983:** M. Follieri, 1977-83, *Le più antiche testimonianze dell'agricoltura neolitica in Italia meridionale*, in *"Origini", vol. XI*, pp. 337-344;

**Ronchitelli-Sarti 1983:** A.M. Ronchitelli, L. Sarti, 1977-83, *L'industria litica del villaggio neolitico di Rendina*, in *"Origini", vol. XI*, pp. 325-332;

**Cipolloni Sampò 1983:** M. Cipolloni Sampò, 1982, *Scavi nel villaggio neolitico di Rendina (1970-1976). Relazione preliminare*, in *"Origini", vol. XI*, pp. 183-323;

**Bottini 1984:** A. Bottini, *La documentazione archeologica nel Melfese*, in *La civiltà dei Dauni nel quadro del mondo Italico, Atti Manfredonia XIII*, 1980, Firenze 1984, pp. 27-33;

**Cipolloni Sampò 1984:** M. Cipolloni Sampò, *Il neolitico antico nella valle dell'Ofanto: considerazioni su alcuni aspetti dell'area murgiana*, in Istituto Nazionale di Preistoria e Protostoria (a cura di) *Atti della XXV Riunione Scientifica*, Firenze 1984, pp. 155-168;

**Bianco-Cipolloni Sampò 1987:** S. Bianco, M. Cipolloni Sampò, *Il Neolitico della Basilicata. Basilicata settentrionale*, in Istituto Nazionale di Preistoria e Protostoria (a cura di) *Atti della XXVI Riunione Scientifica, vol. I*, 1985, Firenze 1987, pp. 303-312;

**Bokonyi 1988-89:** S. Bokonyi, *Take-over and local domestication: the double faced nature of early animal husbandry in south Italy*, in *"Origini", vol. XIV, II parte*, pp. 371-386;

**Cipolloni Sampò 1988-89:** M. Cipolloni Sampò, *L'organizzazione degli spazi all'interno degli insediamenti: le variazioni funzionali da una prospettiva archeologica*, in *"Origini", vol. XIV, I parte*, pp. 51-72;

**Bottini 1989:** A. Bottini, *Il mondo indigeno nel V sec. a.C. Due studi*, in *"Bollettino storico della Basilicata", n 5*, Roma 1989, pp. 161-180;

**Tagliente 1989:** M. Tagliente, *Frammenti di stele daunie dal Melfese*, in *"Bollettino d'Arte", 58*, 1989, pp. 53-56;

**Volpe 1990:** G. Volpe, *Melfi*, in G. Volpe *La Daunia nell'età della romanizzazione*, Bari 1990, pp. 142-144;

**Bottini 1991:** A. Bottini, *Il Melfese dall'età Arcaica all'Impero, VII sec. a.C./IV sec. d.C.*, in *"Logo", dicembre1990-gennaio 1991*, Melfi 1991, pp. 7-12;

**Bottini 1991b:** A. Bottini, *Da Atene alla Daunia: Ceramica ed Acculturazione*, in Ecole Francaise de Rome, *MEFRA, tome 103*, 1991, pp. 443-455;

**Tagliente 1991:** M. Tagliente, *Melfi*, in M. A. Vaggioli (a cura di) *"Bibliografia Topografica della Colonizzazione Greca in Italia e nelle Isole Tirreniche"*, vol. *IX*, Pisa-Roma 1991, pp. 534-540;

**Berlingò 1993:** I. Berlingò, *Melfi, Valleverde e Cappuccini- Necropoli*, in Ministero per i Beni Culturali e Ambientali, Soprintendenza Archeologica della Basilicata (a cura di) *Da Leukania a Lucania. La Lucania centro-orientale fra Pirro e i Giulio-Claudii*, Roma 1993, pp. 24-26;

**Cipolloni Sampò 1995:** M. Cipolloni Sampò, *Rendina (Melfi, Potenza)*, in R. Grifoni Cremonesi, F. Radina (a cura di), *Guide Archeologiche. Preistoria e Protostoria in Italia*, vol. *11*, Forlì 1995, pp. 283-285;

**Pugliese Caratelli 1996:** G. Pugliese Caratelli, (a cura di) *Magna Grecia. Vita religiosa e cultura letteraria, filosofica, scientifica*, Verona 1996, pp. 108-109;

**Pugliese Caratelli 1996b:** G. Pugliese Caratelli (a cura di), *Magna Grecia. Arte e artigianato*, Verona 1996, p. 407;

**Cipolloni Sampò1999:** M. Cipolloni Sampò, *Il Neolitico*, in D. Adamesteanu (a cura di) *Storia della Basilicata. 1. L'Antichità*, Bari 1999, pp. 31-65;

**Cipolloni Sampò 1999b:** M. Cipolloni Sampò, *L'Eneolitico e l'età del Bronzo*, in D. Adamesteanu (a cura di) *Storia della Basilicata. 1. L'Antichità*, Bari 1999, p. 108;

**Bianco 1999:** S. Bianco, *La prima età del Ferro*, in D. Adamesteanu (a cura di) *Storia della Basilicata. 1. L'Antichità*, Bari 1999, pp. 142-147;

**Tagliente 1999:** M. Tagliente, *La Basilicata centro settentrionale in età arcaica*, in D. Adamesteanu (a cura di) *Storia della Basilicata. 1. L'Antichità*, Bari 1999, pp. 391-418;

**Bottini 1999:** A. Bottini, *Gli indigeni del V sec.*, in D. Adamesteanu (a cura di) *Storia della Basilicata. 1. L'Antichità*, Bari 1999, pp. 419-453;

**Ciriello 2002:** R. Ciriello, *Il Melfese, luogo di incontri di popoli e culture* in R. Ciriello, N.Masini, A.Pellettieri, L. Tomay ( a cura di) *Viaggio nella regione del Vulture. Archeologia e architettura medioeval*e, Milano 2002, pp. 49-58;

**Natali 2003:** E. Natali, *Gli insediamenti neolitici di Valle Messina e Serra dei Canonici (San Nicola di Melfi–Potenza)*, in A. Gravina (a cura di), *XIII Convegno Nazionale sulla Preistoria- Protostoria- Storia della Daunia, Atti San Severo XXIII*, 2002, San Severo 2003, pp. 81-92;

**Nava 2003:** M. L. Nava, *Il popolamento durante il Neolitico nella media Valle dell'Ofanto alla luce dei nuovi scavi della Soprintendenza per i Beni Archeologici della Basilicata*, in A. Gravina (a cura di), *XIII Convegno Nazionale sulla Preistoria- Protostoria- Storia della Daunia, Atti San Severo XXIII*, 2002, San Severo 2003, pp. 77-79;

**Salvadei 2003:** L. Salvadei, *Valle Messina–San Nicola di Melfi. Dati Antropologici*, in A. Gravina (a cura di), *XIII Convegno Nazionale sulla Preistoria- Protostoria- Storia della Daunia, Atti San Severo XXIII*, 2002, San Severo 2003, pp. 97-100;

**Nava-Cracolici-Fletcher 2005:** M. L. Nava, V. Cracolici, R. Fletcher, *La romanizzazione della Basilicata nord-orientale tra Repubblica e Impero. Melfi. Località Serra dei Canonici*, in Armando Gravina (a cura di) *XXV Convegno Nazionale sulla Preistoria- Protostoria- Storia della Daunia, Atti San Severo*, 2004, San Severo 2005, pp. 212-215;

**Soprintendenza Basilicata 2004:** Aa. Vv., *Melfi*, in Ministero per i Beni e le Attività Culturali. Soprintendenza per i Beni Archeologici della Basilicata (a cura di) *Museo archeologico nazionale del Vulture e Melfese*, Lavello 2004;

**Nava 2005:** M. L. Nava, *L'attività archeologica in Basilicata nel 2004*, in *Tramonto della Magna Grecia, Atti Taranto XLIV*, 2004, Taranto 2005;

**Berlingò 2005:** I. Berlingò, *Le necropoli ellenistiche di Melfi. Diffusione ed uso della ceramica italiota*, in M. Denoyelle, E. Lippolis, M. Mazzei, C. Pouzadoux (a cura di) *La cèramique apulienne. Bilan et prospectives. Actes de la table ronde de Naples*, 2000, Napoli 2005, pp. 89-96;

## Articles from Newspapers:

- R. Calmieri, *Scoperta una stazione Preistorica del Neolitico nel basso Melfese*, in *"Il Mattino"*, *n. 254*, 15 settembre 1967, p. 7;

- *Due importanti tombe romane scoperte nella campagna di Melfi in località Cappuccini*, in *"Il Mattino"*, *n. 62*, 3 marzo 1968, p. 7;

- *Reperti archeologici in località Ferrara*, in *"Il Mattino"*, *n. 105*, 18 aprile 1969, p. 8;

- C. Mario, *Sulle origini di Melfi si sa molto poco o nulla*, in *"Il Mattino"*, *n. 243*, 4 ottobre 1972, p. 8;

- G. T., *Trovata una colonna romana nelle campagne del Melfese,* in *"La Nuova Basilicata", n. 147,*11 dicembre 1998, p. 19;

## 3.3 Ripacandida

**Lacava 1889:** M. Lacava, *Ripacandida- Avanzi di antico edificio attribuiti ad una terma* in "*Notizie degli Scavi di Antichità*", vol. VII, 1889, Roma 1889, p. 230;

**Lacava 1889b:** M. Lacava, *Del sito dell'antica Siri, degli avanzi delle sue terme...ed altri luoghi antichi, (da scavi eseguiti nel 1888),* Potenza 1889, pp. 35-44;

**Catenacci 1968:** G. Catenacci, *Antichità Romane Medioevali nella regione del Vulture,* Rionero in V. 1968, pp. 21-27;

**Bottini 1978:** A. Bottini, *Ripacandida (Potenza),* in "*Studi Etruschi*", vol. XLVI, Firenze 1978, pp. 550-551;

**Bottini 1978b:** A. Bottini, *La Ricerca archeologica nel Melfese,* in *Magna Grecia Bizantina e tradizione classica, Atti Taranto XVII,* 1977, Napoli 1978, pp. 432-433;

**Bottini 1978c:** A. Bottini, *Scoperte nel Melfese,* in "*Magna Graecia. Rivista di archeologia-storia-arte-attualità*", n. 3/4, marzo-aprile 1978, pp. 15-16;

**Bottini 1980:** A. Bottini, *L'area Melfese dall'età arcaica alla romanizzazione (VI-III sec. a.C.)* in *Attività archeologica in Basilicata, 1964-1977. Scritti in onore di Dinu Adamesteanu,* Matera 1980, pp. 315-318;

**Ciriello 1981:** R. Ciriello, *Le più recenti scoperte archeologiche nel riallestimento del Museo del Melfese,* in "*Magna Graecia. Rivista di archeologia-storia-arte-attualità*", n. 3/4, marzo-aprile 1981, pp. 24-26;

**Pontrandolfo Greco 1982:** A. Pontrandolfo Greco, *I Lucani. Etnografia e archeologia di una regione antica,* Milano 1982, pp. 71-72;

**Bottini 1983:** A. Bottini, *L'attività archeologica in Basilicata,* in *Magna Grecia e mondo miceneo. Atti Taranto XXII,* 1982, Taranto 1983, pp. 454-455;

**Bottini 1983b:** Bottini, *Cinturoni a placche dall'area melfese,* in "*Annali del seminario di studi del mondo classico*", vol. V, Napoli 1983 pp. 31-53;

**Bottini 1984:** A. Bottini, *L'attività archeologica in Basilicata nel 1983,* in *Crotone. Atti Taranto XXIII,* 1983, Napoli 1984, pp. 453-454;

**Bottini 1985:** A. Bottini, *Attività della Soprintendenza in Basilicata,* in "*Magna Graecia. Rivista di archeologia-storia-arte-attualità*", n. 1/2, gennaio-febbraio 1985, p. 20;

**Bottini 1985b:** A. Bottini, *L'attività archeologica in Basilicata nel 1984. Ripacandida,* in *Magna Grecia Epiro e Macedonia. Atti Taranto XXIV,* 1980, Napoli 1985, pp. 500-501;

**Bottini 1986:** A. Bottini, *Il mondo indigeno della Basilicata nel VII sec. a.C.,* in *Siris-Polieion. Incontro studi Policoro,*1984, Galatina 1986, pp. 157-166;

**Bottini 1986b:** A. Bottini, *Ripacandida (Potenza),* in "*Studi Etruschi*", vol. LII, Roma 1986, pp. 480-481;

**Longo 1986:** F. Longo, *Necropoli di Ripacandida,* in "*Annali della scuola superiore di Pisa*", estratto vol. XVI, 4, Pisa 1986, pp. 1059-1065;

**Bottini 1987:** A. Bottini, *Ambre a protome umana dal Melfese. Ripacandida,* in "*Bollettino d'Arte*", n 41, 1987, pp. 10-12;

**Bottini 1989:** A. Bottini, *Il mondo indigeno nel V sec. a.C. Due studi* in "*Bollettino storico della Basilicata*", n 5, Roma 1989, pp. 161-180;

**Volpe 1990:** G. Volpe, *Ripacandida,* in G. Volpe *La Daunia nell'età della romanizzazione,* Bari 1990, p. 147;

**Yntema 1990:** D. Yntema, *The Matt-Painted Pottery of Southern Italy. A General Survey of the Matt-Painted Pottery Styles of Southern Italy during the Final Bronze Age and the Iron Age,* Galatina 1990, pp. 186, 187, 192, 231, 242, 317;

**Tagliente 1996:** M. Tagliente, *Ceramiche figurate nel mondo indigeno della Basilicata: il caso di Ripacandida* in C. Gelao ( a cura di) *Studi in onore di Michele d'Elia,* Matera 1996, pp. 39-45;

**Setari 1999:** E. Setari, *Produzioni artigianali indigene. La "fabbrica" di Ripacandida,* Siris. Studi e Ricerche della Scuola di Specializzazione di Archeologia di Matera, 1998-1999, pp. 59-119;

**Tagliente 1999:** M. Tagliente, *La Basilicata centro settentrionale in età arcaica,* in D. Adamesteanu (a cura di) *Storia della Basilicata. 1. L'Antichità,* Bari 1999, pp. 391-418;

**Bottini 1999:** A. Bottini, *Gli indigeni del V sec.,* in D. Adamesteanu (a cura di) *Storia della Basilicata. 1. L'Antichità,* Bari 1999, pp. 391-418, 419-453;

**Bottini 2001:** A. Bottini, *Ripacandida* in M. I. Gulletta, C. Cassanelli (a cura di) "*Bibliografia Topografica della Colonizzazione Greca in Italia e nelle Isole Tirreniche*", vol. XV, Pisa–Roma–Napoli 2001, pp. 180-182;

**Ciriello 2002:** R. Ciriello, *Il Melfese, luogo di incontri di popoli e culture* in R. Ciriello, N. Masini, A. Pellettieri, L. Tomay (a cura di) *Viaggio nella regione del Vulture. Archeologia e architettura medioevale,* Milano 2002, pp. 49-58;

## *Interpretations and Conclusions*

At this stage it is worthwhile expressing some interpretations and conclusions regarding the evolution of archaeological research in the Melfese-Vulure region.

In the first place it is obvious that the approach to archaeological research in this area has varied over the course of time. The earliest work in the Melfese, going back to the 19th century, were all produced by historians, antiquarians and passionate amateurs in the field of ancient history. They only very rarely offered any archaeological understanding or any actual material research into the site that they described, limiting themselves to passing references or simple descriptions of accidental discoveries of graves or building remains.

Very often these scholars were not in a position to precisely describe either the sites themselves or the precise physical locations of the sites. They were only rarely able to estimate the age of the sites that they were describing. A good example of this is the case, reported by Lacava in 1889, of [an ancient tomb uncovered near Lavello]. He indicated neither the precise nor even the general location in what is a rather large area (Lacava 1889, 137-138). The same sort of thing occurred at Melfi. In 1882, Barnabei announced the discovery of some tombs [excavated in the area of the modern city, or a little distance from it] (Barnabei 1882, 381). In 1903, Di Cicco reported the recovery of some tombs [where the Technical Institute is located and somewhat lower]. It was Adamesteanu, some sixty years later, who cleared up the precise location for us and discovered and excavated the necropolis at Valleverde (Di Cicco 1903, 265; Adamesteanu 1966).

Yet another example, even more typical, is the announcement in 1889 by Lacava of the discovery of a Roman villa [in the wooded area to the south of the town] of Ripacandida, in a place called "Il Tesoro". Admittedly, he was describing a site that was said to have been found some thirty years previously, in 1856-57, but even so, his description of the site as an Imperial villa with marble and terracotta pavements still visible suggests some knowledge of the site. However, no locality called "Il Tesoro" can be found in the territory of Ripacandida, though there is such a locality with the remains very much as Lacava described in the territory of Melfi (Lacava 1889, 230; Lacava 1889b).

L'analisi appena presentata ci consente di esprimere alcune considerazioni ed interpretazioni circa l'evoluzione della metodologia della ricerca archeologica che ha interessato i siti esaminati.

Innanzitutto appare evidente come l'approccio alla ricerca archeologica sia variato nel corso degli anni: le prime pubblicazioni, che risalgono alla fine dell'ottocento, per tutti e tre i territori indagati, sono sempre segnalazioni di storici e curiosi appassionati di "cose antiche", che raramente ci offrono spunti utili per la comprensione delle vicende che interessarono i siti rinvenuti, limitandosi alla menzione o alla descrizione dei rinvenimenti casuali di sepolture o di resti di evidenze di antiche costruzioni, senza essere tuttavia in grado di fornirne né, nella maggior parte dei casi, la precisa collocazione fisica e né elementi che ci rendano certi dell'epoca a cui probabilmente erano riferibili.

Per fornire degli esempi, il dott. Lacava, nel 1889, riferiva di "un antico pozzo sepolcrale rinvenuto nei pressi di Lavello", non indicando, dunque, le coordinate precise del luogo, né collocandolo, almeno, in una delle tante località che questo vasto territorio comprende (Lacava 1889, 137-138).

Gli stessi limiti sono riscontrabili nelle pubblicazioni relative ai primi rinvenimenti nel territorio di Melfi: nel 1882 il prof. Barnabei comunicava la scoperta di alcune tombe "scavate nell'area della città moderna, od a poca distanza dall'abitato" (Barnabei 1882, 381); nel 1903 il Di Cicco riferiva del rinvenimento di sepolcri "ove è posto l'edificio dell'Istituto Tecnico e per i piani sottostanti": sarà il dott. Adamesteanu, circa sessanta anni dopo, a chiarirci che la menzione dello storico è inerente alla necropoli, poi interessata da scavi sistematici, sita nell'area di Valleverde (Di Cicco 1903, 265; Adamesteanu 1966).

Ancora più emblematica risulta, in tal senso, la comunicazione del 1889 del dott. Lacava del ritrovamento per scavo fortuito, "nell'area boscosa a sud dell'abitato" di Ripacandida, nel luogo detto "Il Tesoro", di quelli che apparvero, già nel 1856-57, i resti di un'antica villa imperiale, con una parte di pavimentazione "formata con lastrine di marmo a rettangoli ed a triangoli" ancora conservata, tenendo conto che più di cento anni dopo una località detta contrada Tesoro e, presupponiamo, lo stesso ritrovamento, vennero presentati come appena indagati nel territorio di Melfi (Lacava 1889, 230; Lacava 1889b).

In the 1960s, when systematic exploration and excavation by the Superintendency for Archaeology in Basilicata became the norm, a much different record of reporting began.

One of the first priorities in the programme of the Superintendency was to locate and clearly identify important sites that had already been referred to by scholars – as was the case for Casa del Diavolo (Rosucci 1987; Carretta 1989; Di Chicco 1990; Gualtieri 1999). However, the Superintendency also pursued a programme of survey and excavation, based largely on the study of the morphology of the territory, as occurred for the research into the Neolithic in the Ofanto valley, at Alicandro and at Pisciolo (Bottini-Cipolloni Sampò 1986; Di Chicco 1986; Soprintendenza Basilicata 1985; Cipolloni Sampò 1987; Bianco-Cipolloni Sampò 1987; Bottini 1989b; Adamesteanu 1971; Tocco 1971; Adamesteanu 1974). Moreover, there were also those excavations undertaken for the protection of sites, or possible sites, as well as the supervision of construction works in archaeologically sensitive areas, such as the sites of San Felice, Valleverde, Valle Messina and Serra dei Canonici (Tocco 1974; Tocco 1976; Adamesteanu 1967; Natali 2003).

In order to properly undertake such work, to analyse the results, to protect the archaeological patrimony of Italy, and to understand the history of the area, it is therefore important that the Superintendency is able to specifically identify the location of all sites in the region.

The research at the basis for this book made obvious another consideration about the way archaeological work has been done in this zone. Although it has been repeatedly stated that, for the Melfese, it is of particular importance that all three territories were definitely frontier zones in one sense or another (Ciriello 1996), and even though most archaeologists have stressed this point – and it has been stressed again in this work – it is apparent that research has not been undertaken in the same way for all three of the zones.

Lavello, for example, has clearly seen a much greater effort and undergone much more archaeological work. The sites found in the Lavello territory, as soon as the wealth of material evidence was brought to light, have undergone many campaigns of excavation over the years – continuous and constant archaeological research. This has permitted us to clarify the various phases of occupation and to reconstruct a coherent history of the area from the earliest traces of Neolithic

Durante gli anni sessanta del secolo scorso, quando la ricerca divenne sistematica, i funzionari della Soprintendenza iniziarono ad organizzare precisi e mirati interventi di scavo.

Tali attività vennero programmate al fine di chiarire le vicende che interessarono sia i siti segnalati in conseguenza dei ritrovamenti occasionali (Rosucci 1987; Carretta 1989; Di Chicco 1990; Gualtieri 1999), ma anche nuove aree in cui si ritenne di intervenire, con delle ricognizioni; le zone vennero selezionate in base allo studio della morfologia del territorio –come nel caso delle ricerche nei siti neolitici della valle dell'Ofanto (Bottini-Cipolloni Sampò 1986; Di Chicco 1986; Soprintendenza Basilicata 1985; Cipolloni Sampò 1987; Bianco-Cipolloni Sampò 1987; Bottini 1989b; Adamesteanu 1971; Tocco 1971; Adamesteanu 1974) – o con scavi di pronto intervento, conseguenti ad una precisa intenzione di tutelare il patrimonio archeologico, troppo spesso sconvolto ed obliterato dalla costruzione di impianti moderni; ad esempio, scavi condotti in località San Felice, ricerche in località Valleverde, interventi a Valle Messina e Serra dei Canonici (Tocco 1974; Tocco 1976; Adamesteanu 1967; Natali 2003).

A tal proposito, sottolineiamo anche come nelle analisi presentate dai diversi funzionari, preposti dalla Soprintendenza per la direzione di questi interventi, siano presentati dettagliatamente tutti i siti indagati e come di ognuno venga specificata la precisa ubicazione.

Durante la nostra analisi è apparso evidente un altro dato sul quale riteniamo opportuno soffermarci: nonostante sia stata ripetutamente palesata dagli archeologi l'importanza particolare che i tre territori presi in esame rivestirono in quanto "zone di frontiera" (Ciriello 1996), -come da noi stessi è stato sottolineato più volte, nell'intento di avvalorarne la tesi, alla quale abbiamo dedicato uno spazio esclusivo nell'elaborazione del lavoro - le ricerche non sono state approfondite nello stesso modo nelle tre diverse aree comunali.

Lavello è risultato essere, il territorio meglio indagato: i siti compresi nell'agro lavellese, una volta riportati alla luce, sono stati interessati da diverse campagne di scavo nel corso degli anni, continue e costanti, che hanno permesso di chiarire le fasi di utilizzo di ciascuno e di ricostruire una coerente storia delle vicende che hanno interessato tutta l'area, dalle prime attestazioni neolitiche

presence right up to the Roman period. There have been very numerous studies of Daunian settlement, of the necropoleis and of the artefacts recovered. The archaeological documentation has been thorough and exhaustive.

The same cannot, however, be said of the research and excavation carried out in the territory of Melfi. This was on a much smaller scale. The first archaeological work in the area was conducted in the mid 20th century by Professor Alessandro Cassotta, an honorary Inspector with the Superintendency of Archaeology for Salerno. He uncovered three important settlements from the archaic period (Adamesteanu 1966, Adamesteanu 19667b; Adamesteanu 1967c). Excavations supplied limited evidence from the necropoleis, but it was under the direction of Dinu Adamesteanu that most of the major work was done, which Adamesteanu described as [of the highest importance for the knowledge of indigenous Italian production] (Adamesteanu 1966, 199).

Research continued with some regularity in the territory of Melfi, bringing to light some important Neolithic sites (Cipolloni 1974; Cipolloni 1976; Cipolloni 1980; Cipolloni Sampò 1984; Cipolloni Sampò 1999; Cipolloni Sampò 1999b) as well as allowing us some insight into the occupation of the area in the 4th and 3rd centuries BC (Adamesteanu 1967; Adamesteanu 1967b; Adamesteanu 1971; Adamesteanu 1974; Tocco 1976b; Bottini 1976; Berlingò 1993) and in the Roman period (Klein-Andreau 1980; Adamesteanu 1976; Klein-Andreau in Adamesteanu 1972; Volpe 1990).

However in the mid 1970s most archaeological work in Melfi was suspended, and for some 20 years there is virtually no mention of archaeological field-work in the territory of Melfi. Unlike Lavello, this time was not used for more intensive research into the settlement of the area in antiquity in its many diverse phases, nor in survey for new sites and a greater understanding of the archaeological record.

The limited amount of research conducted outside Lavello is even more obvious when one looks at the territory of Ripacandida. Although archaeologists, historians and scholars have repeatedly emphasized the strategic importance of the site of Ripacandida [placed on the border between different spheres] and although sites in the territory have shown evidence for the local production of ceramics (Tagliente 1991, 537) in local workshops, as well as the importation of ceramics for all over the larger area, Ripacandida has seen only three campaigns of excavation at San Donato between 1977 and 1984, directed by Bottini.

sino all'epoca della romanizzazione; innumerevoli sono le pubblicazioni relative agli studi degli insediamenti dauni, delle necropoli ed alla documentazione archeologica e, come abbiamo sottolineato, la ricerca è ben lungi dall'essere esaurita.

Lo stesso non si può dire delle attività di scavo svolte nel territorio di Melfi: già le prime indagini, dirette nel corso della metà del secolo scorso dall'allora Ispettore onorario della Soprintendenza alle Antichità di Salerno, prof. Alessandro Cassotta, permisero di individuare tre importanti insediamenti di epoca arcaica (Adamesteanu 1966, Adamesteanu 19667b; Adamesteanu 1967c), il cui scavo restituì preziosi elementi di corredo provenienti dalle necropoli; lo studio della documentazione archeologica venne affidato successivamente al prof. Dinu Adamesteanu, il quale definì la scoperta "della massima importanza per la conoscenza della produzione italica" (Adamesteanu 1966, 199).

Le ricerche proseguirono con una certa regolarità nelle diverse località dell'agro melfitano, riportando in luce importanti stazioni neolitiche (Cipolloni 1974; Cipolloni 1976; Cipolloni 1980; Cipolloni Sampò 1984; Cipolloni Sampò 1999; Cipolloni Sampò 1999b) e siti che permisero di ricostruire le vicende degli abitati più tardi, di IV e III secolo a.C. (Adamesteanu 1967; Adamesteanu 1967b; Adamesteanu 1971; Adamesteanu 1974; Tocco 1976b; Bottini 1976; Berlingò 1993), e di individuare le zone che continuarono ad essere utilizzate anche in epoca romana (Klein-Andreau 1980; Adamesteanu 1976; Klein-Andreau in Adamesteanu 1972; Volpe 1990).

Tuttavia nelle metà degli anni settanta le attività di scavo vennero sospese, e per oltre un ventennio non v'è menzione di alcuna ricerca sul campo: non riscontriamo qui, come a Lavello, quelle fasi di intensa verifica e ricerca di nuovi dati, che avrebbero potuto essere utili a confermare i risultati cui si giunse dopo le prime analisi e a meglio definire le ricostruzioni delle diverse fasi abitative degli insediamenti.

Questo limite è ancor più evidente nell'analisi della ricerca archeologica nel territorio di Ripacandida: nonostante gli archeologi abbiano ripetutamente sottolineato l'importanza della collocazione del sito, "posto a confine tra diverse realtà", nonostante i siti posti nei territori limitrofi abbiano restituito ceramica prodotta nelle officine di Ripacandida (Tagliente 1991, 537), e dunque sia stata accertata un' intensa occupazione di quest'area almeno a partire dalla fine dell'età del ferro – dato confermato dallo scavo dei due pozzi che restituirono una grande quantità di diverse tipologie ceramiche- e sino al pieno IV secolo a.C., le indagini in quest'area si limitarono alle tre campagne di scavo in contrada San Donato, dirette dal prof. Bottini tra il 1977 ed il 1984.

The territory has shown quite detailed evidence that it was an indigenous centre from at least as early as the end of the Early Iron Age, particularly from the excavation of the wells that held such a wealth of pottery dating from the Archaic period right through to the 4th century BC, but little effort has been made to further explore this possibly very important zone.

Nevertheless, the research and studies of the numerous archaeologists that have contributed to the documentation of the Melfese, as well as the work of historians and amateur enthusiasts has been reasonably extensive. It leads us to believe that there is every probability that what has been achieved so far is only minimal in comparison to what is left for us to discover. There is no doubt that the evidence, which has thus far only hinted at the area's importance, will show that the Melfese was an area whose consequence in antiquity was much greater than has been demonstrated up until now. It is evident, above all in the sites within the territories of Melfi and Ripacandida, that there is much to define, and much more still to explore. However, it would be opportune and would greatly increase our understanding if a program of research was defined, planned and undertaken in the area, particularly if such a program of research was undertaken in collaboration with Universities, Archaeological Institutes or other such scholarly bodies. It is perhaps telling that no archaeological project has been carried out in the Melfese and published by a team from a University.

Eppure le analisi e i diversi contributi degli archeologi che si sono dedicati allo studio della documentazione archeologica, uniti alle menzioni degli storici ed alle nostre personali considerazioni sulla probabile maggiore estensione di questo territorio in epoche più antiche, lasciano supporre che con ogni probabilità ciò che è stato rinvenuto non sia che una minima parte dell'immenso patrimonio archeologico di un centro la cui importanza in antichità potrebbe essere stata molto maggiore di quanto sia stato sin ora dimostrato.

Appare evidente come, soprattutto nei siti dei territori di Melfi e Ripacandida, molto sia definire, e molto ancora da esplorare; la nostra convinzione è che le realtà esaminate possano rivelarsi ancor più significative, di gran rilievo se inserite in un programma –che potrebbe essere definito anche prevedendo collaborazioni con Istituti Universitari- di valorizzazione e potenziamento della ricerca archeologica nel distretto del Melfese, che il nostro lavoro si propone di coadiuvare.

Per questa ragione abbiamo ritenuto opportuno organizzare questo *corpus* in un modo innovativo. Per ricostruire la storia delle ricerche e organizzare i repertori bibliografici, essenziale punto di partenza nelle prime fasi del nostro studio è stata la consultazione della Bibliografia Topografica della Colonizzazione Greca in Italia e nelle Isole Tirreniche, diretta da G. Nenci e G. Vallet.; tuttavia l'opera presenta dei limiti che ci siamo preposti di superare: innanzitutto, manca di aggiornamenti, e se si tiene conto che i diversi volumi presentano i siti seguendo un ordine alfabetico, risulta evidente come le raccolte bibliografiche dei tre territori, di Lavello e Melfi in particolare, siano parziali; nel caso di Melfi la prima pubblicazione citata risale al 1965, dunque non sono stati contemplati gli articoli che segnalavano precedenti rinvenimentie, com'è anche per Ripacandida, a volte non viene fatta menzione di altri successivi, da noi reperiti; infine, la presentazione della storia della ricerca archeologica nell'opera enciclopedica offre un'excursus, per ovvie necessità di sintesi, molto schematico e generale.

In questa tesi le storie delle ricerche archeologiche che hanno interessato i tre territori analizzati si vogliono esporre dettagliatamente, soffermandosi sui diversi modi e tempi in cui si sono svolti tutti gli interventi di scavo, chiarendo quali sono stati i siti maggiormente indagati e presentando la ricostruzione della vita di ognuno, attraverso la raccolta degli studi cui gli archeologi si sono successivamente dedicati.

Principale obbiettivo scientifico è stato, dunque creare un nuovo strumento di lavoro, che possa assolvere a due funzioni principali: ravvivare l'interesse verso le realtà archeologiche presentate, in modo da stimolare la ripresa delle attività di ricerca, e porsi come strumento utile nella fase propedeutica di tali indagini.

## *Ancient Sources*

**Strabo**, *Geographie,* texte établi ET traduit par F. Lasserre, Société d' Edition `Les Belles Lettres', Paris 1967;

**Pliny the Elder**, *Storia Naturale*, traduzione e note a cura di G. Ranucci, Einaudi Editore, Torino 1982;

**Hecataeus**, *Hecataei Milesii fragmenta,* testo, introduzione, appendice e indici a cura di G. Nenci, La Nuova Italia, Firenze 1954;

# Bibliography

**Adamesteanu 1971:**   D. Adamesteanu, *Scavi scoperte e ricerche storico–archeologiche,* in *"Realtà del Mezzogiorno. Mensile di politica economia e cultura, n.8-9",* 1971, pp. 833-861;

**Adamesteanu 1974:**   D.Adamesteanu, *Indigeni e greci in Basilicata,* in Deputazione di Storia Patria per la Lucania. (a cura di) *Atti del Convegno di studio sulle genti della Lucania antica e le loro relazione con i Greci dell'Italia, Potenza- Matera 1971,* Roma 1974, pp. 27-45;

**Adamesteanu 1975:**   D. Adamesteanu, *Scavi e ricerche archeologiche in Basilicata,* in P. Borraro, (a cura di) *Antiche Civiltà Lucane, Atti Oppido Lucano 1970,* Galatina 1975, pp. 15-28;

**Adamesteanu 1977:**   D. Adamesteanu, *La Lucania dal Neolitico al tardo impero attraverso gli scavi archeologici,* in N. Calice (a cura di) *Basilicata tra passato e presente,* Milano 1977, pp. 133-151;

**Adamesteanu 1985:**   D. Adamesteanu, *Aspetti storico–archeologici della Basilicata* in *"Bollettino storico della Basilicata", n. 1,*Roma 1985, pp. 47-74;

**Adamesteanu 1987:**       D. Adamesteanu, *Presenze archeologiche in Lucania,* in Regione Basilicata (a cura di) *Mezzogiorno, Lucania, Maratea. Atti del convegno, n. 4,* 1987, pp. 53-66;

**Amiotti 1994:**   G. Amiotti, *Dauni, Peucezi, Messapi,* in M. Antico Gallina (a cura di) *Genti preromane nel paesaggio e nella Storia,* Milano, 1994, pp. 11 e ss.;

**Bianco 1999:**   S. Bianco, *La prima età del Ferro,* in D. Adamesteanu (a cura di) *Storia della Basilicata. L'antichità,* Bari 1999, pp. 137 ss.;

**Bottini, A. 1976:**   "Aspetti culturali del IV secolo A.C." in G. Tocco (ed.) *Civiltà antiche del Medio Ofanto,* Naples, 26–9.

**Bottini, A. 1979:**   "Una nuova necropolis nel Melfese e alcuni problemi del periodo araico nel mondo indigeno", *AnnAStorAnt* 1, 77-94.

**Bottini, A. 1980:**   "L'area melfese dall'età arcaica alla romanizzazione, VI – VIII a.C." in *Attività archeologica in Basilicata, 1964 – 1977. Scritti in onore di Dinu Adamesteanu,* 313-334.

**Bottini, A. 1981:**   "L'area melfese fino alla conquista romana" in: *Società romana e produzione schiavistica, 1. L'Italia. Insediamenti e forme economiche,* Bari, 151-154.

**Bottini 1982:**   A. Bottini, *Il Melfese tra VII e V sec. a.C.,* in *"Dialoghi di Archeologia", n. 2,* 1982, pp. 152-160;

**Bottini, A. 1982a:**   *Principi guerrieri della Daunia del VII secolo. Le tombe principesche di Lavello,* Bari;

**Bottini, A. 1985:**   "Uno straniero e la sua sepoltura. La tomba 505 di Lavello" *DialA* 3, 59-68.

**Bottini 1986:**   A. Bottini, *Il mondo indigeno nella Basilicata nel VII sec. a.C.,* in *Siris- Polieion. Incontro studi Policoro,* 1984, Galatina 1986, pp. 157-166;

**Bottini 1986b:**   A. Bottini, *Ripacandida,* in *"Studi Etruschi", vol. LII,* 1986, pp. 480-481;

**Bottini 1992:**   A. Bottini, *La Magna Grecia in epoca pre-romana,* in *"Dialoghi di Archeologia", n. 1-2, estratto,* 1992, pp. 11 ss.;

**Buck – Small 1980:**   Buck, R.J. & Small, A.M. "The Topography of Roman Villas in Basilicata" in: *Attività archeologica in Basilicata, 1964 - 1977. Scritti in onore di Dinu Adamesteanu,* Matera, 561-567.

**Buck – Small 1983:**   Buck, R.J. & Small, A.M. 1983 "Excavations at San Giovanni, 1982" *EchosCl* 2, 187-193.

**Buck – Small 1984:**   Buck, R.J. & Small, A.M. 1984 "Excavations at San Giovanni, 1983" *EchosCl* 3, 203-208

**Burgers 1998:** Burgers, G.-J. *Constructing Messapian Landscapes. Settlement Dynamics, Social Organization and Cultural Contact in the Margins of Graeco-Roman Italy,* Amsterdam;

**Capano 1993:** Capano, A., "Rionero, Torre degli Embrici - statuetta di Afrodite" in *Da Leukania a Lucania. La Lucania centro-orientale fra Pirro e i Giulio-Claudii: Venosa, Castello Pirro del Balzo, 8 novembre 1992-31 marzo 1993.* M. Torelli (ed.), Roma, Istituto Poligrafico e Zecca dello Stato: 28-29:

**Carter 1990:** Carter, J.C. "Between the Bradano and Basento. Archaeology of an ancient landscape," in: *Earth Patterns. Essays m Landscape Archaeology* (Charlottesville) 227-243;

**Carter 2006:** Carter, J. C. *Discovering the Greek countryside at Metaponto,* Ann Arbor;

**Cavallo 2005:**   G. Cavallo, *Sul problema della presenza di terrecotte architettoniche nei siti italici della Basilicata preromana,* in *"Bollettino Storico della Basilicata", n. 21,* Venosa 2005, pp. 25- 43;

**Cipolloni 1976:**   M. Cipolloni, *Dal Neolitico alla prima età del Ferro,* in G. Tocco, (a cura di) *Civiltà antiche del medio Ofanto,* Napoli 1976, pp. 11-16;

**Cipolloni 1984:** M. Cipolloni, *Interventi della seconda giornata,* in *La civiltà dei Dauni nel quadro del mondo Italico, Atti Manfredonia XIII,* 1980, Firenze 1984, pp. 75-80;

**Cipolloni 1999:** M. Cipolloni Sampò, *L'eneolitico e l'età del Bronzo,* in D. Adamesteanu (a cura di) *Storia della Basilicata. L'antichità,* Bari 1999, pp. 67 ss.;

**Ciriello 1996:** R.Ciriello, *Il Melfese ed il Museo Archeologico Nazionale,* in Regione Basilicata (a cura di) *"Basilicata Regione Notizie", 2- 3,* 1996, pp. 167-168;

**De Juliis 1977:** E. M. De Juliis, *La ceramica geometrica della Daunia,* Firenze 1977;

**De Juliis 1978:** E. M. De Juliis, *Centri di produzione ed aree di diffusione commerciale della ceramica daunia di stile geometrico,* in *Archivio Storico Pugliese, 31,* 1978;

**Di Bello 1996:** F. Di Bello, *Regione in mostra: la Basilicata scopre i suoi tesori,* in Regione Basilicata (a cura di) *"Basilicata Regione Notizie", 2-3,* 1996, pp. 15-17;

**Di Chicco 1994:** A. Di Chicco, *Dissertazione sulle origini di Lavello,* Pro Loco Lavello (a cura di), Lavello 1994;

**Ferri 1988:** S. Ferri, *Le stele daunie. Dalle scoperte di Silvio Ferri agli studi più recenti,* M. L. Nava (a cura di), Milano 1988;

**Fletcher 2008:** Fletcher, R. N. "Prospects and Problems in GIS Applications in Studying Chalcolithic Archaeology in Southern Israel" *Bulletin of the American Schools of Oriental Research* 352: 1-28;

**Fletcher 2008a:** Fletcher, R. N. "Some Spatial Analyses of Chalcolithic Settlement in Southern Israel" *Journal of Archaeological Science* 35: 2048-2058;

**Fracchia 2004:** Fracchia, H. "Western Lucania, Southern Samnium and Northern Apulia: Settlement and Cultural Changes, Fifth-Third Centuries B. C." in H. Jones (ed.) *Samnium : Settlement and Cultural Change. Proceedings of the Third E. Togo Salmon Conference on Roman Studies,* Providence, R.I., 69-83.

**Fracchia *et al* 1998-99:** Fracchia, H., Gualtieri, M. & Jansen, A. 1998-99 "Roman Lucania and the upper Bradano valley" *MemAmAc* 43-44, 295-343;

**Fucella 1996:** P. Fucella, *Breve storia della Basilicata,* Potenza 1996, pp. 7-30;

**Giura Longo 2006:** R. Giura Longo, *A proposito di identità e storia: per un profilo della Basilicata,* in *"Bollettino storico della Basilicata",* Venosa 2006, pp. 7-26;

**Greco 1992:** E. Greco, *Archeologia della Magna Grecia,* Bari 1992;

**Gualtieri, M. 1983:** "Lo scavo di S.Giovanni di Ruoti ed il periodo tardoantico in Basilicata" in *Atti della tavola rotonda, Roma 4 luglio 1981* (Rome).

**Gualtieri, M. 1994:** "La villa romana di Masseria Ciccotti (Oppido Lucano, PZ). Primi dati sul paesaggio rurale dell'Alto Bradano in età imperiale" *BBasil* 10, 49-73.

**Gualtieri - Fracchia 1993:** Gualtieri, M. & Fracchia, H. "Excavation and survey at Masseria Ciccotti, Oppido Lucano. Interim report, 1989-92" *EchosCl* 12, 313-338.

**Gualtieri - Fracchia 1995:** Gualtieri, M. & Fracchia, H. "Oppido Lucano (Potenza, Italy). Second interim report" *EchosCl* 14, 101-135.

**Horsnaes 2002:** Horsnaes, H. W. *The Cultural Development in North-Western Lucania C. 600-273 BC,* Roma;

**Isayev 2007:** Isayev, E. *Inside ancient Lucania : dialogues in history and archaeology,* London;

**Maetzke, G. 1976:** "Il medioevo" in G. Tocco (ed.) *Civiltà antiche del Medio Ofanto,* Naples, 37–42.

**Masiello 2006:** E. Masiello, *Lavello. Storia Urbana e Architettonica,* Venosa 2006;

**Nava 1980:** M. L. Nava, *Stele daunie,* Firenze 1980;

**Nava 2003:** M. L. Nava, *Il popolamento durante il Neolitico nella media Valle dell'Ofanto alla luce dei nuovi scavi della Soprintendenza per i Beni Archeologici della Basilicata,* in A. Gravina (a cura di), *XIII Convegno Nazionale sulla Preistoria- Protostoria- Storia della Daunia, Atti San Severo XXIII,* 2002, San Severo 2003, pp. 77-79;

**Nava-Cracolici-Fletcher 2005:** M. L. Nava, V. Cracolici, R. Fletcher, *La romanizzazione della Basilicata nord-orientale tra Repubblica e Impero. Lavello: località Casa del Diavolo, Contrada Finocchiaro, zona PIP,* in A. Gravina (a cura di) *XXV Convegno Nazionale sulla Preistoria-Protostoria-Storia della Daunia, Atti San Severo,* 2004, San Severo2005, pp. 215-218;

**Osanna - Sica 2005:** Osanna, M.; and Sica, M. M. *Torre di Satriano I : il santuario lucano,* Venosa;

**Pugliese Caratelli 1996:** G. Pugliese Caratelli, (a cura di) *Magna Grecia. Vita religiosa e cultura letteraria, filosofica, scientifica,* Verona 1996;

**Radi 1999:** G. Radi, *Il Neolitico,* in D. Adamesteanu (a cura di) *Storia della Basilicata. L'antichità,* Bari 1999, pp. 31 ss.;

**Small 1981:** Small, A.M. "The environment of San Giovanni in the Roman period" in: *Archaeology and Italian society. Prehistoric, Roman and medieval studies*, Oxford, 203-212.

**Small 1999:** Small, A. M., "La Basilicata nell'età tardo-antica: ricerche archeologiche nella valle del Basentello e a San Giovanni di Ruoti" in *L'Italia meridionale in età tardoantica, Atti del XXXVIII Convegno di Studi sulla Magna Grecia (Taranto, 2-6 ottobre 1998)*. Taranto: 331-342.

**Small – Freed 1986:** Small, A. M.; and Freed, J. S., "San Giovanni di Ruoti (Basilicata). Il contesto della villa tardoromana" in A. Giardina (ed.) *Società romana e impero tardoantico, III. Le merci, gli insediamenti*. Roma-Bari.

**Small - Buck 1994:** Small, A.M. & Buck, R.J. (eds.) *The Excavations of San Giovanni di Ruoti, Vol. 1., The Villas and their Environment* (Toronto).

**Soprintendenza Basilicata 1985:** Soprintendenza Archeologica della Basilicata (a cura di) *Archeologia di un centro Daunio: Forentum- Lavello. Mostra documentaria permanente*, Lavello 1985;

**Soprintendenza Basilicata 2004:** Ministero per i Beni e le Attività Culturali, Soprintendenza per i Beni Archeologici della Basilicata (a cura di) *Museo Archeologico Nazionale del Vulture e Melfese*, Lavello 2004;

**Soprintendenza Basilicata s.d.:** Soprintendenza archeologica della Basilicata (a cura di) *Archeologia Storia Territorio*, Matera, s.d.;

**Soprintendenza Basilicata s.d.b:** Soprintendenza archeologica della Basilicata, Comunità montana del Vulture (a cura di) *Archeologia nel territorio del Vulture. Due castelli e un itinerario museale*, Venosa, s.d., pp. 3-7;

**Szilágyi 2004:** Szilágyi, J. G. *In Search of Pelasgian Ancestors: The 1861 Hungarian Excavations in the Apennines*, Budapest;

**Tagliente 1984:** M. Tagliente, *Presenze tirreniche in Basilicata in età arcaica*, in B. Mundi, A. Gravina (a cura di), *VI convegno sulla Preistoria- Protostorica- Storia della Daunia, Atti San Severo*, 1984, pp. 61-65;

**Tagliente, M. 1985-6:** "I Signori dei cavalli nella Daunia di età arcaica" *AnnPerugia* 23 303-321.

**Tagliente 1987:** M. Tagliente, *Mondo etrusco-campano e mondo indigeno dell'Italia meridionale*, in G. Pugliese Caratelli (a cura di) *Magna Grecia. Lo sviluppo politico sociale ed economico*, Milano 1987, pp. 135-148;

**Tagliente 1999:** M. Tagliente, *La Basilicata centro-settentrionale in età arcaica*, in D. Adamesteanu (a cura di), *Storia della Basilicata. L'antichità*, Bari 1999, pp. 391 e ss.;

**Tagliente 1999b:** M. Tagliente, *Itinerari fluviali e popolamento antico nel mondo indigeno della Basilicata*, in Soprintendenza archeologica della Basilicata (a cura di) *"Archeologia dell'acqua in Basilicata"*, Lavello 1999, pp. 87-102;

**Tagliente, M., Fresa, M.P. & Bottini, A. 1991:** "Relazione sull'area daunio-lucana e sul santuario di Lavello" in: *Comunità indigene e problemi della romanizzazione nell'Italia centro-meridionale, IV-III secolo a.C. Actes du Colloque international, Rome 1er - 3 f 1990.* (Bruxelles) 93-108.

**Tagliente, M. & Bottini, A. 1990:** "Due casi di acculturazione nel mondo indigeno della Basilicata. Banzi. Una tomba infantile e le anthesterie. Lavello. Una rilettura dell'askos "Catarinella"" *PP* 45, 206-231.

**Tocco, G. 1976:** "L'età del ferro e la cultura Daunia" in G. Tocco (ed.) *Civiltà antiche del Medio Ofanto* (Naples) 17–22.

**Tocco, G. 1976a:** "Gli effetti dell'espansione Lucana" in G. Tocco (ed.) *Civiltà antiche del Medio Ofanto* (Naples) 23–5.

**Volpe 1990:** Volpe, G., *La Daunia nell'età della romanizzazione. Paesaggio agrario, produzione, scambi.* Bari.

**Volpe 1996:** Volpe, G., *Contadini, pastori e mercanti nell'Apulia tardoantica*. Bari.

**Volpe 2003:** Volpe, G., "San Giusto e l'Apulia nel contesto del-l'Adriatico tardoantico" in *L'archeologia dell'Adriatico dalla Preistoria al Medioevo, Atti del Convegno (Ravenna 7-9 giugno 2001)*. Firenze: 507-536.

**Volpe, De Felice and Turchiano 2005:** Volpe, G.; De Felice, G.; and Turchiano, M., "I rivestimenti marmorei, i mosaici e i pannelli in opus sectile vitreo della villa tardoantica di Faragola (Ascoli Satriano Foggia)" in *Atti del X Colloquio dell'Associazione Italiana per lo Studio e la Conservazione del Mosaico (AISCOM) (Lecce 18-21 febbraio 2004)*. Tivoli: 61-78.

**Volpe and Silvestrini 2004:** Volpe, G.; and Silvestrini, M., "La villa di Faragola (Ascoli Satriano) e gli Scipiones Orfiti" in *Epigraphy and Public Space from the Severans to the Theodosian Era, Atti della XII Rencontre sur l'épigraphie (Roma 16-18 settembre 2004)* Roma.

**Yntema 1993:** Yntema, D.G. *In Search of an Ancient Countryside. The Amsterdam Free University Field Survey at Oria. Province of Brindisi, South Italy (1991-1993)*, Amsterdam.

www.ingramcontent.com/pod-product-compliance
Lightning Source LLC
Chambersburg PA
CBHW061303270326
41932CB00029B/3455